JN410678

# 네 개의 돌

김정례 수필집

시와사상사

# 네 개의 돌

김정례 수필집

## | 작가의 말 |

아무렇게나 놓인 돌멩이 하나도 제 말을 품는다.

곶자왈 돌길을 걷는다.

크고 작은 돌들이 맨살을 드러낸다.

콩짜게 덩굴로 모양을 내고, 우단치마를 두르고,

나무뿌리를 머플러처럼 두른다.

시퍼런 슬픔은 삭히고

하얀 미소를 잊지 않는다.

글집을 엮으니 희비喜悲가 교차한다.

글쓰기가 아니었다면

누가 내 시린 손에 따뜻한 악수를 청했을까

돌은 태초의 몸부림에서 지금의 모습이 되기까지

많은 시련을 감내한다. 지금도 그 행보는 쉬지 않는다.

펜을 잡은 손이 움직일 때

비로소 내가 있음을 확인한다.

돌의 말을 듣고 그들과 속내를 나누려는 맘으로

글길을 걷는다.

- 2016년 여름 해운대에서

김정례

|차 례|

## 1부



## 2부

## 3부



## 4부



## 5부

# 1부

마른 봉오리가 꽃으로 피어나 찻잔을 가득 채운다.
첫새벽 연꽃봉오리 터지는 소리가 들리는 것 같다.

# 봄봄

매화꽃 피는 봄날, 깊이 간직했던 찻잔을 꺼내본다. 아무도 봐주지 않지만 찻잔에 받침을 갖추는 것은 매사에 자중자애하는 나만의 의식이랄까. 찻잔에 새겨진 매화꽃 문양을 내 앞으로 놓고 푸른 매화꽃을 감상한다. 언뜻 삼천 년에 한 번 꽃이 핀다는 우담발라優曇跋羅를 보는 양 가슴이 벅차다. 손끝으로 쓰다듬자 매끈한 표면에 돋아난 오돌도돌한 꽃망울이 피부를 간질인다.

몇 년 전, 지인과 작은 찻집 창가에 마주 앉았다. 실로 오랜만이다. 우리는 긴 세월 동안 고락을 함께한 도반이다. 탁자 위에 내려앉은 햇살이 우리의 간극을 데워 주려는 듯 온기를 불어넣어 준다. 그새 희끗해진 머릿결과 윤기 가신 얼굴에서 연륜의 흐름을 읽는다. 그녀 역시 너덧 살 위인 나를 보며 세월의 연민을 느끼는지, 눈가에 잔물결을 일으킨다. 그녀는 허술한 꾸러미에서 백자 찻잔 한 벌을 꺼내 놓는다. 특유의 미소와 그윽한 눈빛을 보내며 선물이라고 건네준다. 찻잔 이름은 곱게도 〈봄봄〉이라고 한다.

그녀는 〈봄봄〉을 만난 특별한 계기가 있었다. 화려한 도시를 멀리한 칠곡 토향암에 계시는 스님을 찾았다. 그는 도자기를 빚으며 수행하는 선승이다. 그녀는 스님께서 빚고 계신 찻잔에 마음을 빼앗겼다. 그의 미동 없는 굽은 어깨너머로 희미한 등잔불이 공방 가득 고였다. 초벌구이 찻잔에 꼭꼭 점을 찍듯 문양을 새겨 넣는 묵언默言의 모습은 영락없는 구도자의 자세 그 자체였다고 힘주어 말한다.

스님의 붓끝에서 피어나는 안료향이 매화꽃의 향기로 느껴졌다는 그녀는, 순간 벅찬 환희에 빠져들었다. 그녀가 전해준 감흥에 이야기를 듣는 나 또한 가본 적 없는 토향암에 머물고 있다는 착각까지 들었다. 스님은 밤새 찻잔을 빚었으리라. '이뭣고' 화두를 마음에 새기고 '손을 움직여 찻잔을 빚는 나는 무엇인가'를 끝없이 되뇌이며, 참 나를 깨닫는 수행의 도구로 삼았을 것이다.

그녀는 작품을 빚으며 영혼을 사르고 계신 스님을 보며, 문득 가슴속에 품었던 원願을 이루고자 마음을 굳혔다. 오래전 세상을 떠난 남편의 고희를 맞아 그를 위해 품었던 소원을 실행에 옮긴 것이다. 남편을 기리며 수행승들께 찻잔을 보시하였다는 그녀. 그 〈봄봄〉 찻잔이 도반인 나에게도 전해진 것이다. 글을 쓰는 사람의 고뇌가, 수행승 못지않게 여겨졌기 때문이라는 그녀의 말이 무겁게 다가왔다.

승가와 차는 오랜 세월 동안 깊은 인연을 맺고 있다. 다성茶聖 초의선사는 우리나라의 다도를 정립하였다. 곡차를 멀리하는 승가에서는 차를 마시며 정신을 맑게 다스리는 생활에 깊이 젖어있다. 찻잔을 수행승에게 보시함은 지극히 큰 공덕을 쌓는 것이라 여겨진다.

"차를 즐겨 마시는 나라는 흥하고 술을 즐겨 마시는 나라는 망한다."는 우리가 익히 알고 있는 고사이다. 차문화는 승가뿐 아니라 재가在家에도 넓이 보급되어 전해지고 있다.

오묘한 찻잔을 대하니 스님의 정성과 그녀가 품은 소중한 보시의 마음이 전해온다. 넉넉한 받침을 기단으로 위에 놓인 둥근 찻잔과, 방울모양의 손잡이가 있는 덮개에서 도예가의 세심함이 엿보인다. 찻잔은 더 이상 물질이 아니다. 도예를 빚은 스님의 정성과 열정으로 타오르는 뜨거운 혼불이다.

그녀는 찻잔을 대하는 순간, 남편과 마주 앉아 차를 나누던 때의 그리움으로 가슴이 저려왔을 것만 같다. 지금은 먼 이국땅에서 무르익은 노년을 다독일 그녀. 그녀와 내가 쌓은 우정의 탑이 풍화되지 않기를 바란다.

〈봄봄〉찻잔에 연화차를 담는다. 마른 봉오리가 꽃으로 피어나 찻잔을 가득 채운다. 첫새벽 연꽃봉오리 터지는 소리가 들리는 것 같다. 따뜻한 차를 음미하니 내 안에 백련 향이 스며든다. 갯벌처럼 질척이는 마음 밭에 향기로운 연꽃이 피어난다. 느리게 손을 움직여 다시 한 모금 정성을 마신다. 내게 찻잔을 전해준 그녀의 밝은 미소가 번져난다. 살며시 눈을 감는다. 어느새 꽃 핀 매화나무 아래 서 있는 그녀와 나를 본다. ✻

# 불통 단상

핸드폰을 집에 두고 나왔다. 절반쯤 남은 배터리 용량이 불안해서 충전기에 꽂아두었는데, 지하철 좌석에 앉아서야 알게 되었다. 약속시간에 맞춰서 출발했으니 되돌아갈 수도 없다. 외출준비를 하던 딸에게 핸드폰을 가져다줄 수 있느냐는 부탁은 더더욱 할 수 없는 노릇이다. 옆자리 학생에게 한 통의 전화를 부탁한다. 무언가 한참 검색 중인 듯한데 느닷없이 끼어들기란 여간 미안한 일이 아니다. 딸이 대문을 나서기 전에 통화를 해야 하니 마음이 급하다. 다행히도 만나야 할 지인의 전화번호를 전해 받았다.

바쁘거나 중요한 날에 꼭 사단이 나는 것은 무슨 연유일까. 외출하기 전 미리 챙기고 점검하는 버릇이 있는데, 오늘따라 시간에 쫓기다 보니 예기치 않은 실수를 한 것이다.

거제역에 도착하니 10여 분의 여유가 있다. 서비스센터에서 양해를 구하고 지인에게 전화를 걸었다. 핸드폰을 두고 온 것을 말하고 만날 장소를 확인했다. 공무를 보기 위한 것이었기에 관공서 앞에서 만나기로 했다.

참 편리한 세상이다. 첨단의 문명은 우리에게 많은 것을 누리게 한다. 핸드폰만 해도 그렇다. 필요에 따라 수십 수백 사람들의 음성을 듣고 모습도 볼 수 있다. 그 뿐인가 공간을 초월해 해외나 먼 도시, 산이나 들, 보행 중에도 소통이 가능하다. 기계음이지만 육성과 별 차이가 없다.

핸드폰이 없는 오늘, 절벽 앞에 서 있는 것처럼 막막함을 느낀다. 늘 손에 쥐고 있던 물건과 떨어지고 보니 열 자리 남짓한 전화번호를 몇이나 외우고 있는지 새삼 궁금해진다. 생각해 보니 지인은 차치하더라도 가까운 딸 아들의 번호도 헷갈린다. 기계에 대한 의존도가 지나친 것 같아 내심 씁쓸하다.

부산지방법원 민사조정위원인 내게, 작은 송사가 발생한 지인으로부터 도와달라는 요청이 있었다. 그는 내가 많은 것을 알고 있으리라는 막연한 기대를 한 것 같다. 급난지붕急難之朋이란 옛말을 떠올리며 크게 도움을 줄 수는 없지만 그저 만나서 위로하고 의논의 대상이라도 되어주기 위해

응했던 것이다.

두 사람이 서로 분담해서 일을 볼 수도 있었는데 연락할 방도가 없으니 우린 쌍둥이 그림자를 앞세우고 붙어 다닐 수밖에 없었다.

오후가 되면서 구두 속에서 발가락들이 반란을 일으킨다. 더 이상 걷기가 힘들어 나는 어느 지점에서 기다리기로 하고 그는 잰걸음을 놓았다.

물어볼 길도 없는데 덩그마니 길가에 서 있었다. 왠지 낯선 곳에 방치된 느낌마저 들었다. 따가운 볕을 피해 그늘진 나무에 기대거나, 건물 옆 차가운 돌 턱에 걸터앉았다. 수많은 사람들이 오간다. 예측했던 시간이 훌쩍 넘었는데도 그가 돌아오지 않는다. 행여 내가 여기 있는 것을 잊지는 않았겠지. 엉덩이를 들썩이며 섰다 앉았다를 반복한다. 외다리를 하고 목을 길게 뽑아 그가 달려간 길을 응시한다. 삼십 여분의 기다림이 이토록 간절할 줄이야. 기다리는 것만큼 초조한 일이 있을까.

그런 와중에, 누가 나에게 전화를 걸진 않았을까, 긴 신호음에도 받지 않는 나를 걱정하거나 혹은 나에게 화가 나지 않았을까, 하는 생각이 머릿속을 채운다.

오지 않는 사람을 기다리며 음악이나 들을까 했는데 손

안에 뮤직 박스가 없다. 핸드폰으로 할 수 있었던 많은 것들이 지금 이 순간에는 아쉬울 뿐이다. 영화도 드라마도 저장된 사진도 볼 수가 없다. 하도 심심하여 지나가는 사람들을 유심히 살피다가 주변에 공중전화부스가 있는지 눈을 돌려본다. 정말 눈 씻고 찾아봐도 보이지 않는다. 평소엔 거들떠보지도 않았던 사물들의 부재가 오늘따라 몹시 아쉽기만 하다.

오후 다섯 시가 넘어서야 어느 정도 일을 마무리할 수 있었다. 완전히 해결된 것은 아니지만, 적당한 의뢰인을 찾아 서류를 넘겼다. 은근히 옥죄었던 가슴 한편이 느슨해짐을 느낀다.

핸드폰 없는 날을 정하기로 한다. 그 날의 경험이 나에게 소중한 계기가 되었다. 사색을 즐기기 위한 산책길이나 외출할 일이 없는 날을 택한다.

핸드폰을 잠재운다. 폰이 잠자는 동안 누구에게도 방해받지 않는 공간에서 침묵을 즐긴다. 이럴 땐 내가 나에게서 멀리 떠나있었음을 발견한다. 자유롭고 새로운 나를 만나는 즐거움을 만끽한다. 지난 일이 다가와 입가에 엷은 미소를 짓는가 하면, 내가 이길 수 없었던 고통이 떠올라 가슴에 묻혔던 재가 날리기도 한다. 멍하니 앉아서 급할 것도 없이 느긋하게 클래식 선율에 잠기기도 한다. 밀린 신문을 뒤적이고, 책장을 넘기다 보면 시상이 떠오르기도 하고 글감이 반짝 눈을 맞추기도 한다.

외부와 소통하지 않는 시간이 나를 깊숙한 내면으로 이끌어준다. ✻

# 할리갈리 게임

게임 상자를 연다. 준비물은 여러 가지 그림이 그려진 카드 56장과 종 한 개다. 카드에는 바나나, 딸기, 멜론, 레몬, 포도, 자두, 원숭이 그림이 각각 그려져 있다. 카드를 뒤집어 가운데 쌓아놓고 돌아가면서 한 장씩 뒤집는다. 카드마다 다른 그림이 한 개, 두 개, 세 개 혹은 네 개씩 그려져 있다. 뒤집은 카드그림이 상대방의 그림과 같으면 얼른 종을 치고 그가 가졌던 같은 그림카드를 가져오는 게임이다. 그림이 같다 해도 종을 늦게 치면 먼저 종을 친 사람에게 카드를 내주어야 한다.

멤버는 넷이다. 손자와 아들 그리고 넷째 딸과 나다. 몇 판이 돌아가는 동안 번번이 할미가 꼴등이다. 동시에 종을 쳐서 가위 바위 보로 승부를 정할 때는 주먹을 등 뒤로 숨기고 눈치를 보느라 눈빛이 반짝이지만 아무 효과가 없다. 나는 같은 그림을 발견하고도 종을 늦게 쳐서 카드를 잃고, 또는 종을 쳐야 하는 시점에 내 앞에 놓인 카드를 치고, 동시에 상대의 손등을 탁 친다. 할미인 나는 몸과 마음이 따로 논다. 그럴 때마다 게임판은 웃음바다가 된다.

지난 2월 며느리의 출산으로 딸과 함께 서울 아들네 집에 올라왔다. 며느리가 산후조리를 하느라 조리원에 있는 동안 여섯 살 난 손자를 돌봐주기 위해서다. 서울에 자주 오지 못했지만 손자와는 페이스톡으로 얼굴을 보며 자주 통화를 했었다. 그러나 막상 얼굴을 대하니 할미를 서먹해 한다. 딸에게는 고모 고모 부르면서 어린이집이나 태권도장에 함께 잘 다닌다. 다행한 일이지만 할미로서는 서운했다.

게임 도중 아들은 언제 찍었는지 게임 장면을 동영상으로 보여준다. 아마도 산후조리원에 있는 처에게 놀이장면을 보여주고 싶었나 보다. 아들이 카드를 뒤집었다. 카드그림은 자두, 바나나, 멜론이다. 마침 내 앞에 같은 그림이 놓여있다. 나는 급한 마음에 내 카드를 탁 쳤다. 아들은 크게 웃으면서 종을 치고 내 카드를 가져가면서 "진정한 게임은 이런 거야"한다. 손자도 팔을 흔들면서 기뻐한다. 카드를 자주 빼앗겼고 그때마다 웃음보가 터졌다. 핏줄 앞에선 오기도 죽는다.

한 사람이 엉뚱한 실수를 했을 때 터지는 폭소는 엔도르핀을 솟게 한다. 단순한 놀이 같았는데 순발력과 집중력을 요구하는 게임이었다. 손자는 손과 눈의 순발력이 많이 발달한 것 같다. 여섯 살 손자가 할미보다 잘하는 것이 대견스럽다. 아들은 가끔 일부러 더듬거리면서 손자에게 기회를 주는 것 같았다. 손자는 얼른 종을 치고 제 아빠 카드를 가져오면서 기뻐한다. 그럴 때마다 용기와 승부욕의 훈련을 시키는 것 같았다. 물을 주며 콩나물을 기르는 마음으로 제 아들을 키우는 모습에서 부모의 마음을 읽는다.

할리갈리 게임에서는 규칙을 지키고 질서와 약속을 중요시하는 마음가짐이 중요하다. 이러한 게임을 통해 어릴 때부터 정직하고 진취적인 사람으로 거듭날 수 있다고 생각한다. 노년층의 두뇌훈련에도 더없이 훌륭한 놀이이다.

손자와 가까워졌다. 할리갈리 게임 덕분이다. 손자가 말을 붙여오고 할미 손을 이끌며 장난감 방으로 간다. 장난감 자동차를 조립하고 탑 쌓기를 만들어 보여줄 때마다 칭찬을 아끼지 않았다.

햇볕이 좋아 산책을 하기로 했다. 어디를 걸을까 주위를 둘러보는데, 손자가 놀이터에 가자고 고모와 할미 손을 이끈다. 놀이터는 언덕바지 계단으로 올라가는 복잡한 위치에 있었다. 가까운 곳에도 어린이 놀이터가 보였는데 굳이 찾기가 어려운 곳으로 우리를 안내한다. 한참을 올라가니 전망이 확 트인 놀이터가 나타났다. 나름대로 생각하는 바가 있었나 보다. 그곳에는 어린이용 놀이기구뿐만 아니라 성인용 운동기구도 있었다. 고모와 할미를 배려한 것이다. 손자를 어린아이로만 생각했던 할미는 내심 놀랐다.

딸보다 먼저 부산으로 내려와야 했다. 손자가 살갑게 다가와 매운맛 좋아하느냐고 묻는다. 잘 먹는다고 했더니 부엌수납장에서 자일리톨 통을 들고 와 보여준다. 통 속에는 하얀 알갱이가 가득 들어있다. 양치 후 잠자기 전에 씹으면 이빨에 벌레가 먹지 않는다며 얼른 작은 종이 백에 넣어 현관 앞에 놓는다. 덜렁 손에 주지 않고 백에 담아주다니. 여섯 살 답지 않은 의젓한 처사가 또 한 번 할미를 놀라게 한다.

저녁마다 양치질을 하고 자일리톨 손자의 가르침을 씹는다. 명절 때 손자가 내려오면 할리갈리 게임을 하자고 할 작정이다. 그때는 난이도가 높은 게임을 하자고 할까 봐 겁이 나지만 그래도 손자가 기다려진다. ✱

# 빛바랜 명함 한 장

뜻밖의 전화 한 통이 걸려왔다.

수화기 너머에서 들려오는 목소리는 생소했다. 상대가 남성이어서 더욱 그러했다. 그는 나의 이름을 확인하고 한층 목소리가 상기되었다. 10여 년 전 나에게서 얼굴 사진이 들어 있는 명함을 건네받았다고 한다. 명함을 새긴 것은 부산국제라이온스협회 초대 연수원장이었을 때였다. 그제야 잊었던 책장을 넘기듯 기억이 되살아났다.

어느 해 팔월, 서울에서 충청도 고향에 가기 위해 청주행 고속버스를 탔다. 옆자리에는 나보다 연장자로 보이는 점잖은 남성분이 동석했다. 한참 동안 말이 없다가 자연스럽게 고향 이야기를 하게 되었다. 그는 오창, 나는 보은이 고향이었다. 보은과 오창은 가까운 거리는 아니었으나 충청도라는 동질감이 느껴졌다. 고향 사람을 만나면 경계심이 없어지고 마음이 푸근해지는 것이 대부분 우리들의 정서이다. 버스 여행에서 평소 즐기던 차창 밖 풍경에는 눈길조차 주지 않았다. 많은 대화를 나눈다는 건 상대방에게서 신뢰를 느끼기 때문이다. 그와 나는 서로 명함을 주고받았다. 청주에 도착하여 완행버스로 갈아타면서 헤어졌다. 무거운 짐을 보은행 터미널까지 들어주었던 고마운 분이었다.

그는 별장 삼아 농원을 가지고 있다고 했다. 농원 앞에서 금강줄기가 한눈에 내려다보인다고 한다. 산수화 한 폭이 머릿속에 그려졌다. 자두, 매실 등 유실수를 심어 철따라 꽃이 피어나고 들꽃들도 지천이라고 한다. 꼭 한 번 찾아달라는 당부의 말도 잊지 않았다. 고향을 찾을 때면 경치가 빼어나다는 그 농원이 궁금하였으나 이성이라는 처지가 선뜻 실행에 옮기기엔 조심스러웠다. 해가 가면서 잠깐 스친 인연은 잊혀졌다.

누군가를 가슴 한편에 담아 두고 있음은 흔한 일이 아니리라. 그는 일 년에 한 번씩 나에게 연락을 했다고 한다. 하지만 공교롭게도 연결이 되지 않았다. 기억해주어 고맙기도 하면서, 한편으론 생뚱맞다는 생각도 들었다. 특별히 삼국지의 도원결의처럼 형제의를 맺지도, 사랑을 약속한 사이도 아닌데 이렇듯 오랜 세월을 잊지 않고 찾았다니.

그는 명함 속 여인을 후배라 칭하였다. 부산이라는 낯설고 물 설은 대도시에서 여성의 몸으로, 명함까지 새겨 활동하는 것이 대견스러웠다고 한다. 그는 고향 모임에 가면 내 명함을 꺼내 놓고 충청도의 당당한 여성을 자랑했다고 한다. 과분한 칭찬을 들으니 불편하기까지 하다. 하지만 아무것도 모른 채, 그의 마음속 한편을 채우고 있었다고 생각하니 가슴이 뭉클하기도 했다.

서로 좋아하는 정이 느껴질 때 행복한 것이다. 그 날의 대화에서 선뜻 명함을 건넸을 시간을 되짚어본다. 대화 속에서 사랑을 느끼기도 하고 때론 증오를 사기도 한다. 몇 십 년을 살아온 부부도 돌아누우면 남이 되는 세상이다. 잠깐의 짧은 만남이, 긴 여운으로 남아 마음의 가지를 흔든다. 타인으로부터 진지한 마음을 받아본 적이 있는가. 되돌아보니 흔한 일은 아니었다.

예고 없이 걸려온 전화 한 통이 나의 가슴을 부풀게 한다. 그는 스치는 인연을 허투루 버리지 않는 사람이었다. 수화기 너머에서 자상한 목소리가 들려온다. 명함을 건네던 때가 기억속에서 되살아난다. 긴 시간 동안 한결같이 나를 기억해준 마음에 감동을 받았다. 조금이나마 보답을 하고 싶어 나의 작품집 『염소 항아리』를 보내 주었다.

그와 다시 통화를 했다. 나에게 작가라고 불러주며 과분한 칭찬을 아끼지 않았다. 그의 목소리에서 건강이 좋지 않은 기색이 묻어난다. 지난해 오래도록 병원생활을 했다는 말도 덧붙인다. 지금은 농원에서 철 따라 변하는 자연과 벗하며 평온함을 즐긴다고 한다. 조만간 후배를 꼭 만나고 싶다는 말을 전한다.

나는 농원을 찾을 것이라는 뜻을 전했다. 그때를 상상하니 소녀처럼 설렌다. 환하게 반겨줄 선배의 얼굴이 그려진다. 함께 언덕에 올라 유유히 흐르는 금강줄기를 바라보며, 여기저기 피어난 꽃을 따라 발걸음이 지치지 않을 것만 같다. 오래전 그때처럼 지난 이야기를 나누다 보면 하루해가 짧을 것이다. 노병으로 여윈 가슴에 따뜻한 기운이 스며들기를 바라본다.

오늘부터 나는 기다림이 있어 지루하지 않을 것만 같다. 이 봄 삭정이같이 까칠한 몸피에 푸른 기운을 불어 넣는다. 빛바랜 명함 한 장이 나에게 용기를 준다.

어리석은 사람은 인연을 만나도 몰라보고

보통사람은 인연인 줄 알면서도 놓치고

현명한 사람은 옷깃만 스쳐도 인연을 살려낸다.

- 피천득, 「인연」 중에서

살아가면서 많은 사람을 만난다. 그 어느 한 사람도 소홀히 할 수 없다는 생각이 든다. 나의 이름을 기억해주는 사람이 있다는 것이, 문득 나를 행복하게 한다. ✻

# 아들의 밥솥

인천공항에서 입국수속을 밟는데 세관원이 나를 부른다. 큰 가방이 의심스러웠나 보다. 물품 검사대에 올려진 가방을 열었다. 얇은 이불에 귀중품처럼 싸여진 것은 작은 전기 밥솥이다. 세관원이 가방 속, 얇은 이불을 펼치는 순간, 나는 내 눈을 의심했다. 밥솥 뚜껑이 반으로 쩍 갈라져 있는 것이 아닌가. 세관원은 잘못 짚었다는 듯 난감한 표정으로 나와 밥솥을 번갈아 바라보기만 한다. 하지만 나는 사무실에 들러 수화물 파손에 대해 변상을 요구했다. 공항 직원은 탑승 때 수화물 보호 접수를 하지 않았으므로 항공사엔 책임이 없다고 단호하게 말한다.

국내에서 밥솥 수리를 하려 하니 수리비에 얼마 얹지 않아도 새 솥을 살 수 있는 비용이었다. 하지만 내게는 낡은 밥솥에 목매는 특별한 이유가 있다.

8여 년 전 아들의 졸업을 축하하기 위해 미국으로 갔다. 유학생 세 명이 살고 있는 주택이었다. 다음날 아침에 아들은 밥을 지었다. 시차를 이기지 못하고 잠에 취해 있는데 구수한 밥 내음이 후각을 자극했다. 소박한 식탁엔 김치, 고추장 볶음, 김이 올려져 있다. 출국 전에 반찬 준비를 하지 말라는 아들의 말을 들은 것이 후회가 됐다. 하지만 계란후라이를 곁들인 아들의 밥상이 나에겐 진수성찬이다.

유학길에 오르기 전 아들에게 5인용 밥솥을 준비해주었다. 출국 후 일주일이 지나지 않아 아들과 영상통화를 했다. 미국 생활을 걱정하는 어미를 생각해 노트북으로 화상통화 방법을 알려준 터였다. 아들은 부엌에서 반찬 만든 팬을 비추고, 밥이 들어 있는 밥솥까지 비춰주었다. 잘 해먹고 있으니 걱정 말라는 배려였다. 마음이 조금은 놓였다.

의료경영학과에서 아시아인은 자신뿐이라고 한다. 얼굴을 익히고 친숙해지면서, 아들은 학과 친구들을 초대했다. 물론 밥솥이 한몫을 했다. 학교와 인접해 있는 거처에 친구들이 수시로 찾아와 아들이 지은 밥을 먹었다. 현지 친구들은 윤기 흐르는 갓 지은 고소한 쌀밥 맛에 굿!을 연발했다. 횟수가 잦아지면서 솜씨도 늘고 친구들과의 정이 쌓여갔다. 허심탄회한 대화가 오가고 서로의 문화를 익히는데 많은 도움이 되었다고 한다.

밥은 소중하다. 삶을 지탱하는 에너지의 원동력이 되기 때문이다. 끼니때마다 함께 밥을 먹는 가족은 사회를 형성하는 데 있어 중요한 요소이다. 우리의 문화에서 윗사람을 만날 때 '진지 잡수셨습니까?' 라고 여쭙는 건 인사의 대명사였다. 외식 문화가 발달한 요즘 무얼 먹느냐보다 누구와 먹느냐가 중요하다. 식사 나눔의 문화는 대인관계에 큰 역할을 한다. 타인과의 만남에서 정으로 형성될 수 있는 중요한 매개체 역할을 하고 있다.

밥은 먹었느냐
사람에게 이처럼 따뜻한 말 또 있는가

밥에도 온기와 냉기가 있다는 것
밥은 먹었느냐 라는 말에 얼음장 풀리는 소리
팍팍한 영혼에 끓어 넘치는 흰 밥물처럼 퍼지는 훈
기

중략……

오늘

밥들은 먹었느냐

- 신지혜, 「밥」 부분 (『다층』 2008년 가을호)

아들의 졸업식 날이다. 오월의 햇살이 따사롭게 피부에 와 닿는다. 빼곡히 들어찬 내빈과 학부모 자리에 석사 푯말이 서 있는 앞쪽에 자리를 정했다. 학생들은 박사, 석사, 학부 순으로 위풍당당 졸업식장에 입장한다. 과마다 독특한 이벤트를 펼치는데, 아들이 속한 과에서는 붉고 푸른 줄무늬의 양산을 펼쳐들었다. 양산을 빙글빙글 돌리며 입장하는 모습은 화려함으로 시선을 끌어당긴다. 많은 졸업생 중에 석사 석 맨 앞줄에 자리한 아들만이 눈에 들어왔다. 식이 끝나고 사각모를 하늘 높이 던지는 이벤트는 이곳에서도 예외가 아니다. 우리는 코넬대학교 표지석 앞에서 손가락 둘을 펴 V자를 높이 들고 기념 촬영을 했다.

아들은 워싱턴대학병원에서 한 달간 인턴으로 근무할 계획이었다. 다음날 우리는 이타카에서 워싱턴 D.C로 향했다. 중간 휴게소에 들렀다. 한국의 요란한 휴게소 문화와는 달랐다. 작은 하우스에서 커피를 들고 파란 잔디밭에서의 휴식은 잠깐 동안의 낭만적 분위기를 느끼기에 부족함이 없었다. 어둠이 깔리면서 버지니아주 알링턴의 오피스텔에 도착했다. 한 달간 빌린 집에는 침구며 주방 용구까지 갖추어져 있다. 먼저 귀국길에 오른 나는 아들이 쓰던 밥솥을 가방 속에 넣었다.

귀국 후 밥솥을 들고 서비스센터를 찾았다. 수리비가 만만찮았다. 조금 보태서 새것으로 사라고 권했지만 나는 수리하기로 했다. 돈과는 바꿀 수 없는 무엇을 생각했다. 이 밥솥으로 아들이 밥을 지어 먹으며 힘든 공부를 마칠 수 있었다는 뿌듯함, 친구들과의 좋은 추억을 만들어준 대견함과 2년 동안 나를 대신해 파수꾼 역할을 해준 인연이 소중했기 때문이다. 하찮은 것에도 의미 부여에 따라 그 가치는 운니지차이다.

한 달이 빠르게 지나갔고 귀국한 아들이 그 밥솥과 다시 만났다. 수리된 밥솥의 이야기를 들은 아들은 직장 따라 서울로 가면서 밥솥을 챙겼다. 주인의 품으로 돌아간 밥솥은 제 주인을 다시 만났다는 기쁨으로 아들의 허기를 채워줄 것이다. 믿음직한 밥솥이 아들 곁에 있어 밥걱정은 하지 않아도 될 것 같다.

일 년이 지나고 며느리를 맞았다. 새아기는 살림집에 예쁜 압력 밥솥을 들여놓았다. 하지만 아들에게 전에 쓰던 밥솥을 버리지 말라고 당부했다. 그 밥솥이 알고 있는 추억과 좋은 일들이 함께 버려질 것 같아서였다. 아들도 같은 마음이었는지 버리지 않겠다고 한다.

새것을 좋아하는 것이 요즘의 세태다. 낡은 것은 버리고 아직 쓸 만해도 유행이 지났다 싶으면 또 바꾼다. 도시의 아파트마다 수거통이 넘쳐나고, 아직 수명이 남아있는 전자 제품들이 버려진다. 물자가 흔하다 보니 흔히 볼 수 있는 광경이다.

밥 짓는 마음으로 가정이나 사회에서 제 몫을 하였으면 좋겠다. 밥을 짓듯 수위 조절을 알맞게 하는 것이 삶의 지혜라고 생각한다. 나는 쉬 끓고 식어버리는 양은솥인가, 한 번 가열되면 쉬 식지 않는 무쇠솥인가를 돌아본다.

아들이 결혼하고 7여 년이 되었다. 새아기는 결혼식장에서의 여린 티를 벗고 제법 주부다운 모습으로 변모했다. 아들 내외에게도 여섯 살 손자 건과, 올 봄 갓 태어난 손녀 은이 있다. 새아기는 가정이라는 솥의 밥을 무리 없이 짓고 있는 것 같다. 아들은 가장으로서 무쇠솥의 세 다리처럼 탄탄히 받쳐주고 있다.

아들은 지난해 작은 일자리를 꾸려 독립했다. 캡스톤 브릿지 CAPSTONE BRIDGE라는 경영컨설팅 회사다. 캡스톤은 개선문과 같은 아치형 다리의 마지막에 얹는 갓돌이다. 그래서 최고의 산물, 최적의 성과를 의미한다고 한다. 아들은 저서 『의대 본과생에게』를 발간하고 대학과 병원, 기업의 강의 및 컨설팅을 하고 있다. 그리하여 사회와 국가를 향해 발돋움하면서 가족의 수를 불려갈 것이다. 아들의 밥솥에 밥이 끓듯이 인생이 활기차고, 언제나 구수한 밥 내음이 솔솔 풍겨나기를 간절히 기도해본다. ✻

# 하루살이와의 하루

이틀 후 장마가 시작될 것이라는 일기 예보를 듣고 가까운 산에 올랐다. 여덟 시가 채 되기 전인데도 후덥지근하다. 연신 얼굴과 이마의 땀을 타올로 닦으며 걷는다. 넓은 산길에서 오솔길로 접어들면 으레 주위를 두리번거린다. 호젓한 샛길에선 새롭게 피어난 꽃이나 나뭇잎의 변화를 가까이서 만날 수 있기 때문이다. 고향 산천에서 보았던 싸리나무가 홍자색 꽃을 피워 작은 꽃무덤을 이루고 있다. 잔잔한 꽃이 잡목 숲 사이에 섞여 있어 그냥 지나칠 뻔했다. 지천으로 널려있는 꽃이 아니기에 수풀을 헤치고 다가갔다. 가지 하나를 끌어당겨 눈으론 볼 수 없는 향을 음미하니 연하디연한 분향이 코끝에 스친다.

산행을 할 땐 혼자 걷기를 좋아한다. 구애받지 않는 시간의 공간에서 해찰도 하고, 자연과의 대화는 내 영혼을 살찌우는 즐거움과 감동를 준다. 숲에서만 느낄 수 있는 싱그러움이 호흡을 타고 폐 속 깊이 스며든다. 찌르르 하고 길게 빼는 산새의 노래가 평소보다 맑게 들린다. 소리가 들리는 나뭇가지 사이를 눈으로 헤집는다. 몸집이 작은 말똥가리다. 매끈한 몸매를 보니 올봄 깃털 갈이가 잘된 모양이다. 시선이 머물 수 있게 잠깐의 여유도 주지 않고 가지를 옮겨 날며 몹시 분주하다. 새참한 모습을 사진기에 담으려고 요리조리 기웃거리는데, '앵' 하는 소리와 함께 무언가 귓바퀴를 자극한다. 하루살이 떼였다. 본능적으로 팔을 내저었다. 그 바람에 새소리도 멀어지고, 호젓한 산길의 명상도 깨어져버렸다.

걸음을 뗄 때마다 앵앵거리며 앞장을 선다. 눈앞에서 어른거리다가 머리 위를 뱅뱅 돈다. 하루살이와 신경전이 벌어졌다. 양팔을 휘젓고 목수건을 내두르니 잠잠하다. 죽이지 않고 멀리 쫓아버리려는 내 심사를 알아차렸는가 보다. 아주 갔거니 하는 생각이 채 끝나기도 전에 다시 얼굴 주위에서 맴돈다. 가파른 산길을 오르며, 아무리 쫓아도 따라붙는 하루살이를 떼어버리느라 기분이 영 엉망이다.

귀찮고 짜증스러움에 시달리다 보니 스토커가 생각난다.

연예인이나 유명 인사들이 자주 겪는 일이기도 하다. 영국 왕세자빈이었던 다이애나가 겪은 사건은 세계적인 뉴스다. 당하는 입장에선 견딜 수 없는 괴로움이었으리라. 스토커의 원인은 이권 관계나 복수심, 일방적인 소유욕 등에서 비롯됨을 볼 수 있다. 어떤 이유에서든 이는 지극히 정상적이지 못한 행동이다.

황진이가 떠오른다. 황진이의 미모에 마음을 빼앗긴 총각이 상사병으로 죽었는데, 상여가 황진이의 집 앞을 지나다가 땅에 붙어 움직이질 않았다 한다. 그때 황진이가 속적삼을 벗어 주었더니 그제야 상여가 움직였다는 일화가 있다. 지나친 집착으로 총각은 스스로 자멸하였다. 상대가 원하지 않는데도 스토커식 사랑을 하는 이가 아직도 많다. 자신만 해치는 것이 아니라 상대방을 죽음에 이르게 하는 심각한 사태로 변해 이제는 사회문제로 번지고 있다.

만물의 영장인 인간이 작은 미물의 공격으로 스트레스를 받았다. 손바닥을 탁탁 쳐보았지만 허사였다. 아무리 잡으려 해도 하루살이는 교묘하게 내 손을 벗어나며 얼굴 주위를 맴돈다. 몸집이라도 크면 씨름판에서 메다꽂듯 힘이라도 한번 써볼 텐데 눈에 잘 보이지도 않는 조그만 날파리가 여간 성가신 것이 아니다.

하산하여 숲을 벗어나자 괴롭히던 작은 곤충이 어느 결에 사라졌다. 가벼운 내가 떠나니 되는 것을. 산만하던 마음에 평화가 깃든다. 작은 체험이 많은 것을 생각하게 한다. 귀찮은 하루살이와 동행하다 보니 한나절이 훌쩍 지나버렸다.

나의 언행이 누군가에게 불편을 주지 않았는지. 하루살이처럼 눈치 없이 나만 좋다고 무작정 끼어들지는 않았는지. 나이를 앞세워 젊은이들이 대접해 주기를 바라지는 않았는지. 하루살이와의 동행에서 나보다 상대방의 입장에서 생각하고 배려하는 마음가짐과 자세를 배웠다고나 할까.

한낱 미물에 지나지 않는 하루살이에게 오늘 제대로 한방 먹은 기분이다. ✻

# 무릎장단

해운대에 둥지를 틀고 살다 보니 장산을 통째로 얻었다. 그 덕분에 십여 년을 한결같이 푸른 숲의 품에 안겨 사는 호사를 누린다. 산책을 나설 때마다 들르는 대천호수, 비릿한 물 내음을 맡으며 호숫가를 돌 때면 빼놓을 수 없는 기쁨이 있다. 금붕어, 잉어들과 눈인사를 나누는 것이다. 그들의 자유로운 유영을 볼 때면 번잡스러운 일상을 잠시나마 벗어놓고 마음의 안식을 얻게 된다. 몇 년 새 훌쩍 자라 몸의 길이가 월척을 웃도는 놈들이 눈에 띈다. 그러나 어느 누구도 이 호수에 낚싯대를 드리우지 않는다. 사람과 자연이 공존하기에 더할 나위 없는 최적지가 아닐까.

오솔길로 접어든다. 흙의 기운은 사람에게 유익한 기운을 불어넣어 준다. 맨발은 아니지만 흙길을 걷는 것만으로

도 아스팔트 위를 걸을 때와는 그 느낌이 사뭇 다르다. 사시사철 그 형태와 빛깔이 달라지는 나뭇잎, 향기를 더해가는 꽃들과 소통하면서 싱그러움을 가슴 깊이 들이마신다. 자연과 하나가 되는 순간, 사람은 자연에서 와서 자연으로 돌아간다는 생각에 머무르게 된다.

걷는 것이 심혈관을 깨끗하게 한다고 한다. 걸으며 마시는 숨결이 핏속으로 흘러들어 청소부 역할을 하기 때문이다. 느린 걸음으로 솔숲을 걷다 보면 피톤치드가 주는 쾌적함에 새로운 활기를 느낀다. 생각이 막히거나 피로가 쌓였을 때 해송 그늘 산책로를 찾는 것은 나의 일상이 되었다.

몇 년 전 지독한 유행성 독감에 걸렸었다. 대학병원 응급실을 시작으로 입원과 퇴원을 반복하면서 체력이 거의 소진된 상태였다. 발걸음을 떼기조차 힘들 지경까지 갔다. 막 매화꽃봉오리가 맺힐 때였다. 이대로 주저앉을 수는 없었다. 노력 없이 얻어지는 것은 없다는 생각에 매일 산책을 나갔다. 딸의 부축을 받고서야 대문을 나설 수 있었다. 매화나무 아래 벤치에 앉아 햇볕을 쬐며 뜨거운 차를 마시고 걷기를 반복했다. 낮은 계단 하나 오르기도 힘에 부쳤다. 그럴 때마다 묵묵히 부풀어 오르는 매화꽃봉오리가 네 몸 너 알아서 관리하라는 메시지를 들려주는 듯했다. 날마다 산책을 한 이후 점차 기력이 회복되어 한 달여 만에 혼자서도 걷게 되었다. 그제서야 새들이 지저귀는 소리가 귓가에 들려왔다.

고향에 걷기의 달인이 있다. 김 약사라고 통하는 남동생이다. 동생은 혈당지수가 매우 높은 당뇨병을 가지고 있다. 이런 경우 대개는 인슐린주사를 맞는다고 한다. 그는 아침 식전 두 시간, 저녁 식후 두 시간 걷기와 주말이면 원근의 산행을 한다. 그의 걷기운동은 악천후나 심지어 부모님 제사, 명절 때도 멈추지 않는다. 친척이나 손님이 찾아 왔을 때도 예외가 없다. 그 덕분인지 삼십여 년이 지난 지금까지 인슐린을 잊고 건강한 모습이다. 병을 이기려는 굳은 의지에 감동한 자연이 그에게 베풀어 준 신비함을 몸소 체험했다고나 할까.

우리 가족은 걷기 예찬 집안이다. 걷기를 권장하는 강력한 후원자의 영향이 크다. 그러나 때로는 이런저런 이유를 들어 게으름을 피울 때가 있다. 걷기가 느슨해졌을 때 동생의 트레이닝이 약이 된다. 그를 따라 며칠 생활하다 보면 다시 탄력이 붙는다. 요즘 들어 살살 꾀가 나는데 김 약사를 찾아가 다시 볼트와 너트를 조일 때가 된 것 같다.

달 밝은 밤이면 가고 싶은 산책로가 있다. 걷기 코스에서 빼놓을 수 없는 곳, 해운대 달맞이 문텐로드다. 바다와 숲을 겸비한 문텐로드 오솔길은 말 그대로 달빛에 걸어야 제격이다. 달빛에 어른거리는 나뭇잎 그림자가 온몸을 휘감아 은근한 분위기로 이끈다. 달은 홀로 높이 떠서 힘들 땐 제 몸을 갉아먹으며 버티고, 어둠을 밝히기 위해 다시 삼켰던 몸을 토해낸다. 달이 뜨는 밤이면 늘 고개 들어 바라보지만 그 깊은 속내를 알 수 없어 달과의 눈 맞춤을 멈출 수가 없다.

장산은 체력에 맞춰 걷기에 안성맞춤이다. 등산코스가 다양하여 자신에게 맞는 코스를 선택하면 산행의 즐거움이 배가 된다. 각 코스의 능선마다 억새밭, 철쭉, 산벚꽃 군락지는 해마다 장관을 이룬다. 옥려봉에서는 손바닥 위에 내려앉아 잣을 쪼아 무는 곤줄박이도 만날 수 있다. 9월 초엔 반딧불이를 보기 위해 서둘러 습지에 오른다. 해가 막 넘어간 산마루를 바라보니, 서쪽 하늘이 온통 오렌지빛으로 환상적인 붓질을 한다. 상상의 세계가 노을 따라 나래를 편다. 걷기에서 얻는 귀한 보너스다.

육신이 존재하는 한, 쉼 없이 걸어야 한다. 걷는다는 것은 삶의 증표이기도 하다. 우리는 사계의 변화 속에서 살 수 있는 행복을 누리고 있다. 봄에는 새싹의 용기와 향기로운

꽃의 기운을 받는다. 여름엔 폭염 속에서도 쉴 수 있는 나무그늘과 계곡의 청량함이 있다. 가을날 잎사귀들이 곱게 물들어가는 변화는 지친 심신에 위로를 준다. 몰아치는 북풍 속의 눈길을 걸으며 혹독하리만치 몸을 단련한다. 자연을 즐기거나 또는 맞서다 보면 삶의 지혜를 얻을 수 있다.

두 바퀴, 네 바퀴를 잠시 멈추고 두 발을 땅에 딛는다. 지구가 도는 반대방향으로 걸으며 지구를 돌린다고 생각한다. 내가 거꾸로 걸어야 지구가 균형이 맞을 거라는 엉뚱한 발상으로 웃음 짓기도 한다.

다리는 나를 걷게 하는 보물이다. 다리에게 은혜를 어떻게 갚을까. 팔을 휘저어 장단을 맞춰주면 다리에게 덜 미안할까. 심심한 다리에게 노래를 불러준다. 리듬에 빠져 잠깐이나마 힘듦을 잊게 하고 싶다. 소중한 은혜 속에 삶이 향기롭다. 오늘도 무릎장단이 나보다 먼저 대문을 나선다. ✻

이우환 - 회의(철판, 자연석)
사진 촬영 - 저자

# 2부

너덜겅을 작은 돌로 쳐보니 각기 다른 소리가 난다.
어떤 것은 둔탁하고, 그 옆의 돌은 맑은소리가 나며,
또 어떤 것은 속이 빈 것 같은 울림이 있다.
사람의 음성이 각기 다른 특성을 지닌 것처럼 돌들도
제각각의 목소리를 지닌 것 같다.

# 네 개의 돌

시립미술관 별관 이우환 공간에 갔다. 그는 회화와 조각을 아우르는 한국이 낳은 현대미술의 거장이다. 실내에는 〈선으로부터〉, 〈점으로부터〉, 〈바람과 함께〉 등의 회화와, 돌을 소재로 한 〈관계항〉, 〈관계항-좁은문〉 등 좀처럼 국내에서 감상하기 힘든 작품들이 전시되어 있다. 전시장을 돌아보던 중 돌을 소재로 한 조각품에 마음이 끌렸다. 나도 모르게 그쪽으로 몸이 움직여갔다.

우리의 주변에는 지천으로 돌이 널려져 있다. 발길에 차이는 돌, 계곡 웅덩이의 바위, 담벼락을 이루고 있는 돌 등 열거할 수도 없을 만큼 많은 돌과 더불어 살아간다. 때론 사람이 원하는 모양으로 가공되기도 하지만, 전시장의 돌은 자연 그대로의 돌이다. 본래의 장소에서 옮겨놓았을 뿐인데 생명을 불어넣은 것 같은 착각이 들게 한다. 실내에 전시되어 있는 작품을 둘러보고 나서, 옥외 공간의 작품을 감상하려고 밖으로 나왔다.

초겨울의 잔디밭에는 세 점의 조각작품이 배치되어 있다. 쌀쌀함 때문인지 관람객이 없었다. 호젓한 분위기에 좋은 빛이 주는 음양의 조화로 작품을 감상하기에 최상의 조건이다. 발길이 멈춘 곳은 〈회의〉라는 작품 앞이다. 사각 철판을 중심으로 모양이 다른 뽀얀 회색 돌 네 개를 둘러놓았다. 네 명이 탁상에 둘러앉아 회의를 하는 분위기다. 그들의 회의에 방해가 될까 봐 발소리를 죽인다. 누구도 끼어들 수 없으리만큼 진지한 분위기를 자아낸다. 돌들을 자연에서 잠깐 빌려왔을 뿐이라는 작가의 말처럼 무생물인 돌이 살아 숨 쉬는 것 같은 광경을 보여준다. 돌을 소재로 한 작품은 보는 이들에게 많은 이야깃거리를 만들어줄 것 같다. 그 속에 담겨진 삶의 철학은 관람객 각자의 몫으로 남겨놓았다.

돌에게 생명을 부여한 사람이 또 있다. 돌을 아끼시던 아버지다. 친정집 정원에는 많은 수석이 있었다. 그중에서도 가장 아끼던 수석은, 어른의 가슴까지 키가 닿는 까만색의 노장석이다. 어느 날 아버지의 지인이 개울에 빠져 허우적

대는 스님의 꿈을 꾸었다. 그 후 그 개울에서 스님의 형상을 꼭 닮은 돌을 채취하여 아버지께 선물한 것이었다. 돌의 내력을 이야기할 때 아버지는 만면의 미소를 지으셨다. 정원에 세워진 노장석에 아버지는 날마다 물을 뿌리고 쓰다듬으며, 온갖 애정을 쏟으셨다. 어느 날 문득 잠에서 깨어보니 달빛 아래 아버지가 돌 언저리를 서성이며 적요를 즐기고 계셨다.

또 하나 내가 선물한 강아지 모양의 물형석이 있다. 탁자 위에 두고 거실에서 서책을 보시거나 담소를 나누실 때 아버지는 자식의 머리를 쓰다듬듯 강아지돌을 애지중지하셨다. 어느 날, 집에 도둑이 들었는지 강아지돌이 사라졌다. 아버지는 자식이라도 잃은 듯 며칠 동안 시름시름 앓으셨다. 돌에 대한 아버지의 애정이 자식에게보다 더 애틋하여 돌에게 내 자리를 내준 것 같은 서운함이 들기도 했다. 하지만 미처 몰랐던 돌의 가치를 아버지의 나이가 되어서야 깨닫는다.

작품 〈회의〉 앞에서 한참을 보고 서 있다 보니, 어느덧 중역들이 회의장으로 들어서는 것 같은 착각이 든다. 둥글게 몸을 말고 궁리에 빠진 돌들은 너무 오래 앉아있어서 엉덩이가 펑퍼짐해진 것인지 아랫부분이 실하다. 회의장에 들기 전 바지 속에 패드를 찬다는 중역들. 회의로 시작해 회의로 끝난다는 말도 있듯이 직장생활엔 회의가 필수다. 모름지기 회의의 횟수는 줄이고 시간은 짧아야 좋다. 대화를 통해 서로의 생각이 뒤엉키고, 각자의 아이디어로 서로 충돌과 갈등이 생기겠지만 그런 과정을 통해 새로운 결실이 탄생하고 조직의 발전과 변화가 이뤄지는 것이리라.

참석자들의 열띤 토의로 탁상 위에 펼쳐진 제안서에 침이 튀기는 것 같다. 자기의 주장이 통하지 않자 흥분된 목소리는 커지고 누군가는 탁상을 치기도 한다. 바른말을 하고 싶지만 상사의 눈치를 살피느라 주저주저하는 이도 있다. 그러나 곧 용기를 내어 자신의 생각을 내놓는다. 시간은 계속 흘러가지만 쉽게 마침표를 찍을 수 없는 회의장에 머리를 싸매고 마주 앉은 네 개의 돌덩이들. 어떤 결론을 내기까지 누가 먼저 선뜻 일어서기가 힘들다.

야외에 설치된 회의장, 이곳은 칸막이가 없는 공간이다. 비밀 회의장에서 행해지는 부조리는 용납할 수 없다는 작가의 마음을 읽는다. 열린 공간에서 열린 마음으로 일보 양보하여 상생의 길을 열어가자는 숨은 뜻이 엿보인다. 회의는 좀처럼 끝날 기미를 보이지 않는다. 동의를 구하려 목청을 높여도 봄날에 대한 재청은 바람에 휘말린다.

회의장 공상에 빠져 있는데 귓가에 작은 새소리가 스쳐 지나간다. 어느덧 내 그림자가 저만치 늘어져 있다. 회의는 아직도 계속되고 있다.

며칠 전 장산 너덜겅에 올랐다. '평범한 돌멩이 하나에도 지구라는 한 천체의 역사가 선명하게 새겨져 있다'는 오쿠이즈미 히카루의 말이 되새겨주듯 산꼭대기에서 보면 비탈을 이룬 너덜겅은 장산을 감싼 광폭의 치맛자락 같다. 저 수많은 돌덩이들은 도대체 어디서 굴러온 것일까. 산비탈의 너덜겅은 태초에 거대한 마그마가 분출되면서 식어 암석이 되고, 다시 풍화작용으로 쪼개지고 부서지면서 쌓였다고 한다.

너덜겅을 작은 돌로 쳐보니 각기 다른 소리가 난다. 어떤 것은 둔탁하고, 그 옆의 돌은 맑은 소리가 나며, 또 어떤 것은 속이 빈 것 같은 울림이 있다. 사람의 음성이 각기 다른 특성을 지닌 것처럼 돌도 제각각의 목소리를 지닌 것 같다. 너덜겅의 무수한 돌덩이들은 인간이 경험하지 못한 장구한 세월을 간직하고 견뎌오는 동안 더 단단해지고 묵직한 자태로 남아있다. 한낱 작은 돌덩이에게서도 배울 것이 많다. 모름지기 사람이라면 어떤 절망에도 굴하지 않고 모진 시련 속에서도 자신을 단련하여 바위처럼 흔들림 없는 자세로 삶을 살아가야 하리라.

사람은 가고 없지만 돌은 그 자리에 남아 또 다른 이들에게 환한 웃음을 주고 있다. 먼 훗날 돌이 깨어지고 부서져 모래가 된다 해도 바람 따라 퇴적되어 새로운 돌로 살아날 것이다. 언젠가는 누군가의 눈앞에 우뚝 서서 그 위용을 자랑할 수 있는 거대하고 묵직한 바위의 부활을 꿈꾼다.

# 매화송

가요 한 곡에 흠뻑 빠져든 때가 있었다. 가사 첫머리의 '매화'라는 이름에 마음이 끌렸다. 노래를 듣고 있노라면, 꺾이고 휘감기는 트로트 가락을 타고 은은한 매화향이 풍기는 듯했다.

아버지가 즐겨 읊으시던 시조는 '매화 옛 등걸에 봄졀이 돌아오니 옛 퓌던 가지에 퓌엄 즉도 하다마는 춘설이 난분분하니 필동말동 하여라'이다. 귀에 익은 아버지의 시조창 덕분에 매화꽃을 유난히 좋아하게 되었다.

노래의 제목은 '매화 같은 여자'였다. 리듬에 실린 가사는 듣는 이를 애절함 속으로 빠져들게 한다. 노랫말에 등장하는 매창은 기생이었다. 평생 외로움과 벗하였다는 그녀의 쓸쓸함이 온몸에 전해지곤 했다. 음정이 나에게는 다소

높았지만 목청을 가다듬고 부르면 들어 줄만도 하거니 생각했다.

그 노래를 배우기란 쉽지 않았다. 재주 없는 사람은 반복만이 최고의 무기라는 것을 알고 있던 터였다. 부르고 또 부르면서, 사람의 마음에 변화를 주는 것이 이보다 더 좋은 것은 없다고 생각했다. 음률에 취하다 보면 한없는 외로움에 젖어들기도 하고, 깃털보다 가볍게 떠올라 몸과 마음은 구름에 실리고, 흐르는 계곡의 물소리처럼 청량함이 일기도 한다. '음악이 없는 세상은 상상해본 적도 없으며, 만약에 그런 세상이 된다면 너무도 삭막할 것이라' 는 어느 음악 매니아의 말이 이제야 공감이 된다. 이제부터라도 노래를 가까이해야겠다는 마음에, 부르던 노래를 다시 불러본다.

이끼낀돌비새겨진만인의연인매창/ 아~~ 아 시와
함께노래와함께살다간매화같은여자여/사랑을글로
엮었던만인의연인매창/세상을원망하다지쳐서빗물
되었나/추적추적내린비가돌비를적신다 아~~(중략)

'매화 같은 여자' 는 이렇게 나의 노래가 되었다. 노래 속에 등장하는 '매창' 은 조선 중기의 여류시인이자 전남 부안의 기생이었다. 개성의 황진이와 더불어 조선 명기의 쌍벽을 이루었다고 한다. 그녀는 고을 아전과 기생 사이에 태어난 향금香今이었다. 기생의 딸이라는 이유로 신분의 벽을 넘지 못하였던 여인. 그녀는 교방의 기녀로 시와 거문고에 능했다. 관기나 창기에 비할 바가 아니었다.

매창은 열여덟에 유희경을 만났다고 한다. 그는 중인과 서얼의 문림文林인 위항문학의 거두였다. 두 사람은 사랑의 꽃을 피웠으나, 유희경은 임진왜란 때 전장에 나가 15년 만에 매창을 찾아온다. 그러나 단 열흘간의 재회를 끝으로 영원한 이별이 될 줄이야. 생이별한 임을 기리는 '이화우梨花雨'는 매창의 대표적 시조에 속한다.

이화우 흩뿌릴 제 울며 잡고 이별한 님
추풍낙엽에 저도 날 생각하는가
천리에 외로운 꿈만 오락가락하노라.

그녀는 사랑을 잃은 고독한 시간들을, 시를 쓰고 거문고를 뜯으며 격조 있게 살았다. 창가에 앉아 매화나무 보기를 좋아했다고 해서 매창梅窓으로 불려졌다.

한때 매창은 허균을 만나 10여 년의 우정을 나눈다. 어느 날 허균이 매창을 찾아와 시로써 화답했는데, '그대와 나눈 하룻밤의 시가 십 년 독서보다 낫다.'라는 시를 매창의 속치마에 써준다. 매창은 '향긋한 바람이 당신의 머리칼을 스치면 내가 다녀갔다고 생각하라'는 시를 허균에게 전한다. 그는 팔도의 이름 있는 기녀를 많이 품었지만 육체를 탐하지 않은 기생은 매창뿐이라고 한다. 매창은 이미 기생이라기보다 한 사람의 여류시인으로 대접받았던 것이다.

매창의 명성을 듣고 전국의 양반 사대부들이 부안으로 찾아왔지만, 그는 오직 유희경만을 사랑했기에 헤어져 있었던 세월 동안 자신을 지켜왔다. 육체는 물론, 마음 한 올조차 어느 누구에게도 줄 수 없었다. 매창은 눈 속에서 피어나는 설중매와도 같은 고결한 절개를 지녔다고 해도 과언이 아닐 것이다.

오랜 이별 끝에 다시 만난 유희경과 단 열흘간의 회포를 나누었던 매창은 그와 헤어진 후, 서른여덟에 동백꽃 같은 선혈을 토하며 스러졌다. 그녀는 유희경이 건넸다는 분신과도 같은 거문고를 사랑하는 임을 품듯 품고 묻혔다고 한다. 비록 기생의 신분이었으나 잠자리를 가려 누울 줄 알았던 매창, 그녀는 나의 기억에서 오래도록 지워지지 않을 것이다.

요즘 젊은이들은 쉽게 사랑에 빠지고, 또 쉽게 헤어지는 경향이 있는 듯하다. 여성의 절개니 지조니 하는 말은 구닥다리로 치부되어 안타깝기도 하다. 성급한 물질문화를 따라가지 못한 정신문화의 결핍이 가져온 결과이기도 하여 가슴이 아프다. 내 생각이 진부한 것인지는 몰라도 모름지기 연인이라면 오직 한 사람에게 진득하게 열정을 쏟고, 오랜 기다림을 감내하며 믿음을 쌓는 관계에서 온전한 사랑이 이루어지는 것은 아닐까.

힘겹게 배운 내 노래는 여류시인 매창이 그 시대의 문재文才들과 나누었던 시詩와 달리 절창이 되지 못한다. 수백년의 긴 세월이 지난 지금, 유희경과 매창이 어느 이른 봄 매화처럼 향기롭게 피어나기를 바란다.

# 사점死點을 넘다

봄맞이를 가자는 연락이 왔다. 가만히 앉아있어도 봄은 제 알아 다가올 것을, 삼월 중순이면 여수 영취산에 진달래가 만발한다며 동행할 것을 권한다. 완만한 코스라는 남동생의 권유에 흔쾌히 허락했다.

첫새벽부터 산행준비를 서두른다. 동행하는 속리산 산악회는 쟁쟁한 멤버들이다. 동생 내외를 포함해서 대부분이 백두대간을 완주한 탄탄한 대원들이라고 한다. 비회원은 나를 포함해서 서너 명에 불과했다. 일찍 출발하느라 모자란 잠을 버스에서 잤다. 여기저기서 들리는 코 고는 소리도 흉이 되지 않았다. 여수에 도착할 즈음 잠에서 깨어난 일행들은 언제 잤느냐는 듯 말짱한 얼굴이다.

산행을 시작하면서부터 낙엽 쌓인 가파른 산길을 올라야

했다. 일행에서 점차 뒤처지기 시작했다. 한 시간쯤 올랐을까. 한계를 느끼고 말았다. 산을 조금 오르다 보면 숨이 극도로 찬 사점에 다다르고 그 후엔 대체로 편안히 산행을 할 수 있었다. 그런데 오늘은 예외다. 양손의 스틱에 의존하였으나 비 오듯 땀이 흐른다. 선글라스엔 뿌옇게 김이 서려 앞이 잘 보이지 않고 배낭이며 챙 넓은 모자까지도 무겁게 느껴진다. 이대로 가다간 일행에게 폐가 될 것 같아 하산을 결심했다.

내가 하산을 하면 동생도 내려가겠다며 작은 실랑이를 벌이고 있을 때, 후미 대장과 여성 회원 세 명이 도착했다. 후미 대장이 끝까지 도와줄 것이니 올라가자고 강력히 권한다. 나보다 더 늦은 회원이 있다는 것이 위안이 되기도 했다. 다시 올라가기로 마음을 바꾸고 짐들을 동생 배낭으로 옮겼다. 물 한 병만 메었을 뿐인데 가벼워질 줄 모르는 다리가 거북이 걸음이다. 후미대장이 엉덩이를 받혀 밀어 주었으나 잠시 뒤엔 또 일행의 대열에서 멀어졌다. 이를 악물고 죽어도 올라가야 한다는 절박함으로 간신히 버텼다.

얼마를 올랐을까. 다 왔으니 힘내라는 낯익은 목소리가 들렸다. 앞서 다람쥐처럼 올라간 올케였다. 그 소리에 힘이 솟아 발걸음이 조금은 가벼워지는 듯했다. 허나 다 왔다는 말은 빈말이었다. 족히 삼십 분이나 더 올라가니, 넓은 묘지 뜰 앞에 서 있던 동생 내외가 손을 흔들며 맞아준다. 나는 그만 널브러지고 말았다. 중도에 포기할까 봐 가마봉까지 올라갔다가 되짚어 내려왔다고 한다.

천신만고 끝에 진달래 군락지에 다다랐다. 개구리 바위에서 내려다 본 능선에는 작달막한 진달래나무가 빼곡하다. 그런데 웬걸! 진달래꽃은 간 데 없고 영근 수수 알갱이 같은 꽃망울만 맺혀있다. 온몸에 맥이 탁 풀렸다. 식은땀이 났지만 애써 꽃망울을 쓰다듬어 보았다. 몽우리가 올망졸망 돋아나 금방이라도 피어날 것처럼 꿈틀거리는 듯하다. 능선을 스쳐 불어오는 바람에 진달래꽃 내음이 실려올 것 같다. 활짝 피어야만 꽃이런가. 맑은 햇살을 받아 꽃망울에 생기가 넘친다. 새의 붉은 혀 같은 꽃잎을 삐죽이 내밀며 '곧 나가요' 하는 꽃들의 속삭임이 들리는 것 같다. 일주일쯤 뒤 이곳을 찾는 이들에게 진달래꽃 마중을 넘겨주어야 했다.

등반대는 두 조로 나뉘어 1군은 가파른 칼바위 쪽으로, 2군은 계곡을 따라 신흥사에서 만나기로 했다. 내가 속한 2군의 총대장은 후미에 섰다. 내려가는 길이 더 어렵다며 등반 요령을 일러주었다. 돌이 많은 계곡이라 쉽지는 않았지만 오를 때보다는 수월하다.

거의 다 왔다는 대장의 말에 등짐을 내려놓은 듯 발걸음이 가볍다. 앞서 가던 일행 중 누군가의 "진달래다."라는 큰 소리가 산천을 울린다. 그의 외침이 심마니의 "심봤다."라는 탄성보다 더 반가웠다. 우리는 순식간에 진달래 꽃더미 앞으로 모였다. 해마다 보아오던 꽃과는 사뭇 다른 신비스러움으로 다가온다. 새벽에 피어난 나팔꽃처럼 신선하다. 갓 꽃잎이 열려서인지 아직은 수줍은 진분홍 새색시 얼굴이다. 오랜 기다림 끝에 이루어진 해후가 이런 기분일까. 하루의 피곤이 한순간에 날아간다. 키가 훌쩍 큰 진달래꽃을 올려다보는 얼굴에 분홍빛 꽃물이 배어든다.

고진감래苦盡甘來를 생각하며 뒤를 돌아보게 하는 하루였다. 내 삶은 오늘처럼 숨이 턱에 차도록 최선을 다한 시간들이었는가. 진달래꽃 마중을 하려는 열정으로 치열하게 살아 왔던가. 후미 대장이 보여주었던 약속과 책임감을 실천하였는가. 끝까지 포기하지 않고 손을 잡아준 가족애를 생각한다. 지난 세월이 빈 깡통처럼 소리만 요란했던 것 같아 진달래꽃 색으로 얼굴이 달아오른다.

서둘러 진달래꽃을 보겠다는 과한 욕심이 나를 다치게 할 수도 있음을 깨닫는다. 세상만사는 인연이 도래해야 이루어진다는 것을 잊고 있었다. 꽃구경도 때가 맞아야 제대로 할 수 있듯이 사람과 사람 사이의 인연도 시절인연이 맞아야 맺어지는 법이다. 인연을 억지로 맺으려 해도 어그러진 인연은 비껴가기 마련이다. 풀 한 포기 꽃 한 송이도 순리를 거스르지 않는다는 자연의 법칙도 배웠다.

1군에 갔던 동생 내외가 진달래꽃 두 송이를 가져와 봄을 전해 준다. 인내에 인내를 더한 영취산 진달래꽃 마중이 나의 새봄을 앞당겨 주었다.

# 컨트리꼬꼬

올해도 어김없이 내 생일상이 차려졌다. 가족들이 모두 모여 식사를 하는 생일은 연중행사가 되었다. 다른 형제들이 서울에 살고 있기 때문에 그날엔 가까이에 살고 있는 셋째 딸네가 행사를 주선한다. 셋째 사위의 한결같은 효심이 기특하다.

올해는 외손녀 보령이가 함께했다. 고등학교 시험 준비로 한동안 만날 수가 없었다. 한창 꿈을 키워갈 청소년의 황금기인 중학교 시절은 맘껏 뛰어놀고 좋아하는 취미를 즐겨야 하는 시기인데, 요즘은 학교수업 외에도 도서관으로 사교육장으로 내몰린다. 안타까울 따름이다. 그런 보령이가 지난해 원하는 고등학교에 입학을 하고, 오늘 외할머니 생일에 모습을 보인 것이다.

잘 웃는 아이. 웃을 땐 눈에 초승달을 그리며 얼굴 전체에 웃음기가 번진다. 웃는 모습이 예쁜 외손녀는 그 동안 못 본 새 어린 소녀티를 벗고 제법 성숙한 처녀티가 났다. 생머리를 곱게 빗어 넘긴 얼굴에는 몇 개의 여드름이 불긋불긋 꽃을 피우고 훌쩍 자란 키에 청바지가 잘 어울린다. 웃는 모습은 그대로 여전하다.

보령에겐 내가 지어준 별명이 있다. 갓 돌을 지난 무렵이었다. 알몸에 엉덩이만 봉긋하게 기저귀를 차고 뒤뚱뒤뚱 걷는 모습이 암탉 같았다. 그냥 "닭"이라고 하기엔 뭔가 부족하여 시골을 연상케 하는 "컨트리"를 붙여 외손녀의 별명은 "컨트리꼬꼬"로 불려졌다.

"컨트리꼬꼬"가 어느덧 여고생이 되어 외할머니를 흐뭇하게 한다. 보령이라는 이름도 좋지만 내가 지은 "컨트리꼬꼬"라는 별칭에 더욱 정감이 간다. 내가 "컨트리꼬꼬"라고 부르면 딸과 사위도 귀여운 애칭으로 생각하는 듯 웃음기 머금은 얼굴을 한다. 보령은 그다지 좋아하지 않는 기색이다. 컨트리라는 이미지가 썩 마음에 들지 않는 모양이지만 그래도 환하게 웃는다.

오늘은 조촐한 식당에 자리를 했다. 보령이 생일케이크를 장식한다. "축 생신"이라고 쓰인 초콜릿 케이크에 울긋불긋 색깔이 여러 개인 나이초를 기이한 모양으로 만들어 꽂는다. 불을 붙이니 케이크에 초꽃이 피어난다. 가족들의 축하노래가 오늘따라 빈 공간을 꽉 채우는 느낌이다. 사진을 찍고, 핸드폰 S노트에 그래픽 연출을 하면서 활짝 웃는다. 그동안 보령과 함께하지 못한 시간을 한꺼번에 보상받는 듯했다.

아주 오래전, 외손녀 태몽을 꾸었다. 잡목들이 우거진 숲이었다. 바스락거리는 소리와 함께 뭔가 움직이는 것 같아 주변을 살펴보았다. 화려하지 않은 회색빛 깃털을 늘어트린 공작새였다. 머리에 뿔 같은 것이 빙 둘러 돋아 있고, 뿔 끝엔 동글동글 방울이 맺힌 것이 왕관을 쓴 것 같았다. 공작새는 한 발 한 발 나를 향해 걸어왔다. 날아가기라도 하면 어쩌나 하는 생각에 나는 숨을 죽이고 지켜보고 있었다.

며칠 후 셋째 딸이 임신이라는 기쁜 소식을 전해준다. 딸의 태몽을 대신 꾸었구나 생각했다. 딸은 첫 아들을 낳은 터였다. 이번에는 딸일 것 같다면서 내가 꾼 꿈 이야기를 들려주었다.

공작 컨트리꼬꼬. 보령이도 때가 되면 결혼을 하고 가정을 꾸릴 것이다. 그때가 되면 암탉이 병아리를 돌보듯 한 가정의 주부로서 제 역할을 성실히 할 것이라 믿는다. 암탉은 21일간 알을 성실히 품고 알에서 깨어난 병아리를 잠시도 떼어놓지 않고 돌보며 키운다. 봄날 시골 마당에서 노란 병아리를 거느리고 모이를 쪼아먹는 암닭, "삐약"거리며 어미 뒤를 졸졸 따라다니는 병아리 가족은 화목의 표상이다.

외할미는 더 욕심을 내본다. "컨트리꼬꼬"라고 부르고 있지만 "피콕 Peacock"이라고도 불러줘야겠다. 가끔은 "퀸 피콕 Queen Peacock"이라고 불러주련다. 왕관을 쓴 공작처럼 보령이가 찬란한 빛을 발할 수 있기를 바라는 마음에서다. 성인이 되어 사회의 한 일꾼이 된다면 공작 같은 넓은 깃털의 이타심을 펴, 개인과 사회를 이롭게 하는 사람이 되기를 바라본다.

가정은 삶의 버팀목이라고 생각한다. 가정이 화목해야 바깥일이 순조로울 것이므로 "피콕" 같은 부드러운 깃털을 더하여 "컨트리꼬꼬"답게 풍성한 가족을 이뤄, 병아리 같은 자녀들을 잘 이끌어 나가길 기대해본다.

# 천사의 나팔

속리산 자락의 어느 풍광 좋은 농가를 방문했을 때였다. 마당에 들어서자 뜰 안 가득 꽃들이 만개하여 마치 화원에라도 온 것 같은 착각에 들었다. 훤칠한 키에 너울거리는 푸른 잎을 단 노란 꽃송이가 어둠을 밝혀주는 등불처럼 주위를 환하게 해 주는 듯했다. 무엇보다 꽃송이가 길고 큰 것이 인상 깊어 나도 모르게 큰 소리로 탄성을 질렀다. 꽃을 따내어 입에 대고 불면 아름다운 화음이 울려 퍼질 것만 같았다. '천사의나팔꽃' 이었다.

한동안 그 꽃을 수소문하여 구해보려 했지만 몇 차례나 헛걸음을 하였다. 지척이 천 리라더니, 집에서 가까운 농원을 둘러보다 나무들 틈에서 애타게 찾던 '천사의나팔꽃' 을 발견하게 되었다. 횡재라도 한 듯 반가웠다. 집으로 돌아와 서둘러 베란다 화분을 정리했다. 구석에 내버려 둔 큰 화분에 잔돌을 깔고 새 식구를 맞을 준비를 한다. 농원에서 가져온 천사의나팔꽃 사이로 굵은 모래흙과 거름을 켜켜이 넣으며 정성스럽게 옮겨 심었다.

새로 들인 식구에게 정이 쏠린다. 햇빛과 물을 좋아한다기에 매일 물을 주며 오래 들여다보았다. 새 화분에 적응하는 탓인지 누렇게 변한 잎이 떨어졌다. 얼마 뒤 새잎이 돋아나 무럭무럭 자란다. 꽃을 기다린다. 그런 나의 바람을 아는지 모르는지 덧없이 가을이 가고 어느덧 겨울이 와도 꽃을 피울 생각을 않는다. 그래도 언젠가는 반드시 보여주겠지 하는 일념으로 지루하고 긴 겨울을 보냈다.

이듬해 봄을 맞았다. 자고 나면 들여다보고 다음날 또 들여다본다. 그러던 어느 날 마치 벌레 먹은 배춧잎같이, 나뭇잎이 군데군데 곡선을 그으며 잘려나가 있다. 나뭇잎을 쳐들며 꼼꼼히 살펴보니 초록색의 작은 벌레가 잎사귀에 붙어 있다. 살충제를 사다가 물에 타서 한 병을 다 뿌려도 그때뿐, 나아질 기미가 보이지 않는다. 때마침 친지가 보낸 난분 배달을 온 꽃집 아저씨에게 보이니, 잎들을 모두 따버리는 것이다. 가슴이 철렁했다. 그런데 주인의 마음을 위로라도 하듯 새 눈을 틔우고 잎은 하루가 다르게 잘 자라주었다. 그렇지만 병치레를 하였으니 올해는 꽃을 보기가 힘들지 싶었다.

문학기행을 떠났다. 장흥이라는 낯선 곳에 매료돼 집안일은 잊고 있었다. 1박 2일의 짧은 여행을 마치고, 저녁 늦게 지친 몸으로 초인종을 눌렀다. 딸아이는 평소 같지 않은 달뜬 목소리로 반기며 선물이 있다면서 나를 베란다로 이끈다. 조심스럽게 천사의나팔꽃잎을 쳐들어 보여준다. 순간 깜짝 놀랐다. 잎사귀 아래, 그렇게도 기다렸던 꽃봉오리가 타원형 모양으로 조그맣게 맺혀 있는 것이 아닌가.

힘겹게 꽃봉오리를 맺은 '천사의나팔꽃' 덕분에 우리 가족은 활기가 넘쳐났다. 아침저녁으로 베란다의 화분을 들여다보는 재미가 쏠쏠하다. 하루가 다르게 꽃봉오리가 길어지는가 싶더니 열흘쯤 지나면서 복주머니같이 모양이 제법 볼록해졌다. 영락없이 예정일에 가까운 산모를 닮았다. 개화가 임박했다는 전조前兆인 듯하다. 외출을 삼가고 베란다 주위를 맴돌며 개화의 모습을 지켜보리라 다짐한다.

역사는 밤에 이루어진다는 말이 헛말은 아니었다. 닷새가 더 지난 어느 밤, 그토록 기다리던 연한 푸른빛을 띤 흰 꽃이 드디어 비밀의 문을 열었던 모양이다. 환희였다. 마음에 담아 두고 오매불망하던 꽃을 내 손으로 피워 내다니. 개화의 순간을 지켜볼 수는 없어 아쉬웠지만 나 스스로가 대견스러웠다. 다시 사흘이 지나니 일곱 송이가 모두 피어 서로서로 어깨를 맞대고 있다. 은은한 향기가 고고하게 흐른다. 밤이 되면 캄캄한 곳에 꽃을 두고 잠자는 시간이 아까울 지경이다. 기이한 것은 그토록 눈독을 들여도 꽃봉오리가 터지는 찰나는 한 번도 보여주지 않는다는 것이다. 백합화가 연상되기도 하는 이 꽃 또한 수줍음이 많아 사람의 눈을 피해 밤에 피어나는가 보다. 새벽녘에 눈을 뜨면서 천사가 나팔을 불어 잠을 깨운 것인가 하고 착각하며 일어나기도 한다.

천사의나팔꽃을 보고 있노라면 나도 모르게 고개가 숙여진다. 대부분의 꽃들이 하늘을 향해 피어나는데 유독 천사의나팔꽃은 고개 숙여 아래쪽을 보고 피어난다. 벼는 익을수록 고개를 숙인다는 미덕을 진즉 터득한 것인가. 사람들이 감탄의 시선으로 어여쁘다는 칭찬을 아끼지 않을수록 더욱 머리를 숙이니, 진정 아름다우려면 자신을 낮추는 미덕을 보여주어야 하는가 보다. 나를 바라본다. 꽃에게조차 한 점 부끄러움 없이 고개를 쳐들 자격이 있는가. 천사의나팔꽃의 겸손과 성숙함이 꽃거울이 되어 나를 비춘다.

자연의 섭리는 인간에게 많은 것을 일깨워준다. 아무런

생각이 없을 때는 꽃이 그냥 피어나나 하였는데, 관심 있게 살펴보니 꽃 한 송이도 차례대로 피어나는 것을 알게 되었다. 서로 잘난 척하거나 앞지르지 않는다. 모든 일들은 이처럼 순서가 있는 법, 억지로 만들어내려고 한다고 만들어지는 것도 아니며, 자연스럽게 일어나는 일을 막는다고 막아지는 것도 아니다. 만물의 영장이라 일컫는 사람들보다 어쩌면 꽃들이 더 영험한 존재일 수도 있다는 생각이 설핏 들었다.

올해도 '천사의나팔꽃'을 기대했다. 그런데 이번엔 붉은 진드기 같은 작은 벌레가 생겼다. 지난해의 경험을 살려 과감히 잎을 따냈다. 예년 같으면 꽃봉오리를 맺을 시기인데 이제서야 새잎이 하나둘 돋기 시작한다. 모든 게 마음먹은 대로 따라주지 않는다는 진리를 경험했기에 느긋하게 기다린다. 기다림의 세월을 보내다 보면 천사의나팔꽃처럼 절로 고개가 숙여진다. 그때가 진정 기다림을 시작하는 삶의 여정이 아닌가 싶다.

# 소생蘇生

2010년 경남 사천의 농가에서 기형 송아지가 태어났다. 꼬리와 항문, 생식기가 없었다. 어미는 태어난 새끼의 얼굴과 몸을 핥는다. 비척거리는 송아지가 안간힘을 쓴다. 무릎을 세우고 뒷다리로 버티며 일어서서 어미 곁으로 다가간다. 젖꼭지에 매달린 새끼가 힘겹게 젖을 빤다. 새끼는 사흘이 지나도록 배설을 할 수 없었다. 더는 먹지를 못하니 하루하루 기력이 떨어져 서기조차 힘들어했다. 궁둥이엔 똥주머니가 디룽거리고 파리떼가 붙어 괴롭혔다. 하룻밤이 더 지나자 아예 누운 채 힘없는 눈빛으로 어미를 바라볼 뿐이다.

어미가 할 수 있는 것은 새끼를 핥아주는 것뿐. 말 못하는 어미소 만큼이나 주인 농부의 속이 타들어간다. 지켜보는 안타까운 심정은 줄담배로 해결될 일이 아니었다. 송아지를 살려야 했다. 여러 수의사에게 알아보았지만, 하나같이 안락사를 시켜야 한다는 말뿐이었다. 그것만이 송아지의 고통을 덜어주는 것이라고 한다. 농부는 수소문 끝에 동물농장에 신고를 하였다.

수의사가 달려왔다. 전국으로 방영된 TV기사의 힘으로 대구의 한 동물병원 수의사가 먼 길을 달려온 것이다. 송아지를 샅샅이 살펴본 그는 송아지의 생명이 위급한 상황이라는 진단을 내린다. 이런 상황에서 3일 후엔 체내 암모니아가 축적돼 유독한 독혈증이 진행되고, 4, 5일 정도가 지나면 사망에 이른다고 한다. 그날이 5일째 되는 날이었다.

항문 없는 송아지 방송을 보면서 잊혀 지지 않는 비운의 여인이 떠오른다. 이씨조선 명성황후다. 그녀는 결혼 후 초야도 치르지 못하고 왕의 냉대를 받았다. 하늘을 볼 수 없으니 별을 딸 수 없었다. 왕비는 대군을 낳아 세자를 세워야 하는 막중한 소임을 생각하며 초조한 나날을 지새운다. 그런 그녀가 세월을 이기고 회임을 하였다.

산실청이 차려지고 나라는 들떠있었다. 드디어 산청으로부터 대군아기씨라는 전갈이 전해졌다. 온 대궐의 축제 분위기도 잠시, 어의로부터 항문이 없는 아기씨라는 비보를 받는다. 대신들이 모여서 회의를 한다. 왕이 될 몸에 칼을

댈 수 없다는 훈구대신들, 수술을 하자는 개화파의 주장이 맞섰다. 그런 과정에서 손 한번 써보지 못한 채 죽어버린 왕자를 안고 오열할 수밖에 없는 왕비였다.

그러고 보면 사람이나 짐승이나 어미가 새끼에 대해 느끼는 애착은 다를 바 없고 위급한 상황에서 어떤 힘도 쓰지 못하고 살려내지 못함에 대한 비통함은 매 한가지인가 보다.

수의사는 송아지를 살리는 일에 최선의 의술을 동원했다. 먼저 송아지 뱃속에 든 똥을 제거해야 했다. 누워 있는 송아지머리를 투박한 두 손으로 감싸 안는 농부. 수의사가 똥주머니를 칼로 그었다. 배설물이 물줄기처럼 쏟아진다. 응급처치가 끝난 송아지를 트럭에 싣고 달린다. 동물병원으로 옮겨 마무리 수술을 받기 위해서다. 새끼를 싣고 떠나는 트럭을 보며, 어미소는 고삐가 끊어질듯 날뛰며 음메~ 음메~ 울부짖는다.

어머니가 들려주신 오래전 이야기가 있다. 내가 막 첫 돌을 지날 때 홍역에 걸렸다. 온몸에 열꽃이 피어나고 얼굴과 머리까지 종기가 솟아 위태로운 지경이었다. 팔월의 한더위에 열이 펄펄 끓고, 젖을 빨지도 못하고 보챘다. 그 와중에 머리에 난 종기가 곪아 터지면서 진물이 흘렀다.

설상가상으로 그 진물에 파리가 앉았고 구더기가 생겼

다. 구더기는 먹이를 찾아 종기 속으로 파고드는데, 이를 보다 못한 아버지가 입으로 핥고 빨아내기 시작했다. 소금물로 씻기고, 피고름 빨아내기를 계속하면서 차츰 열이 내렸다. 심지어 집안의 금기 식품인 보신탕을 떠먹이며 아기의 기력을 도왔다.

송아지를 살리려는 농부의 애착을 보면서 새삼 아버지가 떠오른다. 예전엔 그 고마움을 깊이 생각하지 못했다. 과연 지금 나에게 그런 상황이 닥친다면 아버지처럼 그렇게 희생할 수 있을까. 아버지를 가슴 깊이 다시 생각한다. 부모는 자식의 효를 기다려주지 않는다. 때늦은 회한으로 가슴을 칠뿐이다.

송아지가 돌아왔다. 기력이 쇠잔하여 마취조차 할 수 없었던 새끼, 무엇이 그 힘든 수술을 견뎌내게 했을까. 아마도 외양간에서 쉼 없이 울부짖던 어미의 애절함이 새끼를 살려낸 것이라고 믿고 싶다. 농부는 벌써부터 농로에 나와 안절부절하며 기다리고, 목이 쉰 어미소는 끝없이 울어댄다. 송아지는 트럭에서 내려지자마자 그립던 어미에게로 뛰어간다. 그제야 어미는 울음을 멈추고 새끼를 핥기 시작한다. 어미에게 얼굴과 머리를 대고 어리광을 부리며 품속을 파고드는 송아지. 오줌줄기가 철철 흐른다. 새끼는 어미의 젖을 빨기 시작한다. 새끼의 눈에서 영롱한 구슬 같은 눈물이 뚝뚝 떨어진다. 어미도 목을 길게 빼고 새끼를 향해 주르르 눈물을 흘린다. 세상에 이토록 뜨거운 모정이 있을까. 이토록 눈물다운 눈물이 또 있을까.

장자는 일찍이 만물일체설을 주장하였다. 그는 인간과 동물, 나아가서 모든 만물은 동등하다고 생각했다. 유전학자들은 유전인자인 단백질을 분석했다. 그 결과 모든 생명체의 조상이 같다는 공통조상이론을 낸 것이다. 40억 년 전 지구상의 최초의 생명체가 진화를 거듭하면서 오늘날 수많은 생명체가 생겨났다고 한다. 우리가 생명을 가진 만물을 귀히 여겨야 하는 이유이기도 하다.

농부는 송아지에게 '소생'이라는 이름을 지어준다. 소생이가 늙어 죽을 때까지 같이 살겠다고 한다. 송아지가 농부로부터 살아났으니 농부의 소생이다. 농부로부터 옮아온 따뜻한 기운이 나의 아버지에게로 향한다. 아버지의 자애慈愛로 살아난 나 또한 아버지의 소생이다. 농부는 혈육에 비길만한 진정한 가족을 얻었다.

푸른 들판에 쟁기를 끄는 어미소를 어린 소생이 천방지축 따라간다. 농부의 이랴! 소리가 청명한 가을 하늘을 가른다.

# 빨간 마후라

"할머니"하고 부르는 소리가 핸드폰을 타고 들려온다. 큰딸의 둘째 아들 명기다. 반가운 마음에 "충성!"하고 힘차게 전화를 받았다. 외손자는 "할머니, 공군은 필승이에요." 한다. 나는 다시 "필승!"하고 외쳤다. 훈련을 마치고 서울공항으로 자대배치를 받았다고 한다.

훈련병 당사자는 지루하고 고달팠겠지만 '벌써'라는 말을 할 정도로 시간이 빠르게 지나간 것 같다. 서울이 집인 탓에 가족들은 내심 가까운 곳으로 배치받기를 원했다. 조상님의 음덕인지 원하는 곳으로 배치를 받아 온가족이 한시름 놓았다.

외손자가 공군에 입대한 때는 재작년 여름이었다. 사천공군부대로 신병훈련을 간다는 짧은 통화를 했었다. 막내라서 마냥 어린애처럼 생각했었는데, 군에 간다니 이제 성인이 된 것 같아서 대견스러웠다. 마땅히 국방의 의무를 다해야 함에도 불구하고 한편으론 걱정이 앞섰다. 규율이 엄하기로 으뜸이라는 군에서 직속상관이나 동료들 간의 불미스러운 일들이 일어난 보도를 자주 접했기 때문이다. 아들을 가진 부모들은 미리부터 겁을 먹고, 막상 영장이 나오면 군에 보내는 것을 오지에라도 보내는 듯이 노심초사한다.

아들은 군에 갔다 와야 완벽한 사내가 되고, 그것도 최전방에서 고생을 해봐야 단련이 된다고 했던 때가 있었다. 마치 물렁뼈 같은 아들이 군에만 가면 대장간에서 쇠를 단련시키듯 단단해진다고 믿었다. 경쟁사회에서 살아남아야 하기 때문에, 모두 자식의 앞날이 걱정되어 하는 말이다.

하루라도 빨리 외손자의 면회를 가고 싶었다. 면회는 이병 때가 제일 기다려진다던데, 어쩌다 보니 일병이 되어서 면회를 간 것이다. 군에서 가장 감격스러웠던 때는 훈련을 마치고 이병 계급장을 달 때라고 한다. 훈련병들의 눈시울을 적신다는 눈물의 이병 계급장. 고된 훈련 속, 피와 땀으로 쟁취한 보람이라고 생각된다.

지난해 여름 큰딸과 함께 서울공항 공군기지 면회소에 도착했다. 입구에는 헌병이 보초를 서고 있었다. 헌병마크가 선명한 철모, 칼날 주름선 바지, 촛대처럼 반듯한 용모에서 위엄이 묻어난다. 입구대기소에서 인적사항을 쓰고 기다리는데, 외손자가 군복차림에 일병 계급장을 달고 건강한 모습으로 걸어 나온다. "필승!"하며 경례를 한다. 반가운 마음에 얼른 끌어안는다. 팔과 등의 근육이 단단하게 느껴진다. 공연한 걱정을 했던 지난 시간들이 스르르 봄눈처럼 녹아내린다.

면회소는 시끌벅적하다. 먼저 온 다른 가족들이 탁자 위에 펼쳐놓은 음식들이 마치 잔칫집을 연상케 한다. 당당한 공군의 건아들이 가족들의 정성이 깃든 음식을 맛나게 먹는다. 우리가 준비해온 음식 꾸러미를 풀자 오랫동안 맛보지 못한 딸기, 블루베리, 키위 등 좋아하는 과일이 식욕을 자극하는지 외손자도 음식을 먹는 손이 바쁘다. 면회가 약속된 날은 아침을 굶는 것 같다. 매일 먹는 부대 밥에서 한 끼라도 벗어나고 싶은 것일까. 시간이 흘러 점심을 먹어야 했다. 셔틀버스를 타고 부대 안 식당으로 가기로 했다. 면회자가 사용할 수 있는 유일한 식당이라고 한다. 이제 이병에서 한 계급이 올라갔다고 부대에 제법 익숙한 것 같았다. 손님은 우리뿐이다. 음식을 주문하는데 메뉴판에 있는 것들을 모두 다 시키는 것 같았다. 생삼겹살, 부대찌개, 제육

볶음, 계란찜, 전골 등 입이 쩍 벌어진다. 음식 주문을 보면서 외손자에게 미안한 생각이 들었다. 젊은이들이 좋아하는 통닭이나 피자, 정성이 담긴 음식을 준비해오지 못한 것이었다. 부산이라는 먼 거리에서 올라왔다는 핑계가 외할미의 마음을 대신 할 수는 없었다.

외손자의 놀랄 만한 식탐으로 맛있게 식사를 하고 면회실로 돌아오는 길이다. 식당으로 갈 땐 외손자만 바라보느라 보이지 않던 바깥 풍경이 눈에 들어왔다. 곧게 뻗은 도로와 우뚝 선 건물, 절도 있게 임무를 수행하는 병사들에게서 공군의 정기가 느껴졌다. 외손자는 남은 기간의 복무를 마치고 제대할 즈음이면 더욱 성숙한 사나이로 돌아올 것이다.

다시 면회소로 돌아왔다. 그런데 도착 때부터 눈여겨보았던 두 남자가 여전히 마주 앉아있다. 이목구비가 닮은 것으로 보아 부자지간인 듯하다. 시골에서 온 것 같은  구릿빛 얼굴의 주름으로 보아 아마도 늦둥이를 본 것 같다. 마주 앉은 아들은 가냘프게 생긴 이병이었다. 우리보다 앞서 만나고 있었으니 족히 세 시간은 되었을 것이다. 아버지는 음식을 먹지 않고 이병 아들만 챙기고 있다. 아마 군에 입대하고 처음 면회를 온 것 같다. 아들을 바라보는 아버지의 눈빛에 깊은 사랑의 햇살이 실려 있다.

"필승!" 건장한 외손자의 인사를 받으며 면회소를 나왔다. 올 8월이면 제대를 한다. 벌써부터 외손자의 늠름한 모습이 그려진다. 시골이 고향인 부대 전우들을 집으로 데려와 외박을 즐겼다는 명기, 가슴 따뜻한 외손자 명기. 훗날, 아무리 힘든 고비가 와도 "빨간 마후라"의 정의와 용맹, 절대필승의 투지를 잊지 말고 제 임무를 완수할 것을 믿는다. "필~승!"

박다현 (숲해설가)

# 3부

호젓한 길은 어리석은 허상의 껍데기를 벗는
치유의 공간이 된다.
자연을 닮아가려는 나의 길을
나무에게 묻는다.

# 벚꽃 타전

봄이 타전한다. 장산 너덜겅이 청록색으로 구름이끼를 피워낸다. 나목의 물관마다 생기를 불어넣는 햇살. 나무들은 푸른 목을 길게 늘려 산등성이의 허리를 묶어놓는다. 진달래와 산동백이 해묵은 설움을 붓질하듯 붉고 노랗게 피어난다.

해운대 벚꽃 향기가 해풍을 타고 날아온다. 달맞이 고개는 3월 첫 주에 들어서면서 올망졸망 꽃봉오리를 맺기 시작한다. 벚꽃이 피어날 조짐을 보이자 마음도 한껏 부풀어 오른다. 하루가 다르게 분홍빛으로 채색되더니 어느 사이 온통 벚꽃으로 요란하다. 송정으로 이어지는 이 길은, 시민은 물론 외국인들에게도 각광받는 드라이브 코스다. 벚꽃은 3월 끝자락에 한껏 그 자태를 뽐내는가 싶더니, 살랑 불어오는 해풍에 하르르 꽃비를 뿌린다. 온통 벚꽃 카펫이 펼쳐진다. 모자를 벗고 맨발로 걸으며 꽃잎을 맞으니 몸속의 세포들이 묘한 반응을 보인다. 아마도 다이돌핀이 생성되는 모양이다.

벚꽃 행렬은 해운대 신도시로 이어진다. 신도시 문화회관 앞 사거리에서 어느 방향으로 시야를 돌려도 벚꽃길이 펼쳐져 있다. 꽃을 볼 때면 자신도 모르게 환하게 웃고 있는 나를 본다. 주민이나 신도시를 찾는 사람은 벚꽃의 기를 받아 만사형통할 것만 같다. 벚꽃 나뭇가지에 걸려있는 낮달이 색다른 낭만에 젖어들게 하여 한참동안 서서 바라보게 한다.

은은한 벚꽃향이 대천공원 호수로 나를 이끈다. 장산 초입에 위치한 대천호수 주변을 에두른 벚꽃은 해운대 장산을 찾는 등산객들에겐 더없이 좋은 마음의 휴식처가 된다. 맑은 호수에는 붉고 흰 잉어를 비롯하여, 얼룩무늬, 먹빛, 황금옷을 입은 잉어들이 무리지어 노닐고 있다. 가히 무릉도원에 온 것 같은 착각에 빠진다.

대박 벚꽃구경은 이제부터다. 3월의 벚꽃 감상을 놓친 사람에겐 절호의 기회다. 그곳은 시가지보다 늦은 4월 초에 꽃이 피기 시작하기 때문이다. 만발한 시가지 꽃이 낙화를 시작할 즈음 피는 산 위의 벚꽃이다. 장산 6부 능선 산벚꽃 군락지를 찾아간다. 등산로를 안내라도 하듯 주변은 활짝 핀 진달래로 꽃산을 이루고 있다. 목적지에 다다르니 벚꽃나무 가지마다 실한 진분홍빛 꽃망울을 달고 딴에는 한껏 예쁘게 꽃을 피워볼 양으로 어영차하며 힘을 모으는 소리가 들리는 듯하다. 만개한 벚꽃천지, 상상만 해도 가슴이 요동친다. 벚꽃이 활짝 피어나면 그 속에서 한 마리 새가 되어 날고 싶다. 가랑잎처럼 메마른 감성에 생기를 불어넣어 줄 것만 같다.

산벚꽃 군락지는 장산 체육공원에서 약 한 시간 거리에 있다. 토포장된 등산로 따라 헬기장 앞 장산로를 휘돌아 가면 도달한다. 구곡산 능선까지 군락지가 이어져 있다.

며칠 후 다시 산벚꽃 군락지에 올랐다. 그새 벚꽃은 만개해 어울림의 잔치를 벌이고 있다. 화사한 꽃더미 너머 산자락 끝으로 멀리 보이는 현해탄의 검푸른 바다색에 눈이 시리다. 수많은 사람들이 현해탄을 넘어가고 건너오기를 원했던 시대, 수많은 사연을 간직한 채 풀지 못한 한이 저렇게 먹빛으로 응어리진 것일까. 화장기 없는 바다의 얼굴이 벚꽃을 반기는 양 출렁인다.

바랑을 짊어진 노승의 굽은 등이 노을을 배경으로 산등

성을 넘어간다는 일몰의 풍경은 간 데 없고, 노을빛에 붉게 물든 꽃얼굴만이 제 멋에 취해있는 듯하다.

봄날, 활짝 핀 산벚꽃에 몸과 마음을 맡겨두고 꽃향에 흠뻑 취한 한나절이 저물어간다. 노승의 바랑 대신 배낭을 멘 아낙은, 나릉낙조를 배경으로 곱게 어우러진 산벚꽃 군락지를 뒤로하고 아쉬운 발길을 돌린다.

# 일진 아들과 왕따 딸

대천공원 산책을 나섰다. 풀잎의 이슬을 털어 깨우는 아침시간도 좋고, 서쪽 산마루를 노을빛으로 물들이는 저녁시간도 좋지만, 한낮이 조금 지난 서너 시 경에 걷기를 좋아한다. 계절의 변화에도 한결같이 흐르는 물의 끈기와, 우직스레 앉아있는 바위, 푸른 솔잎이 주는 기상은 세월을 이기지 못하는 인간에게 용기와 꿈을 안겨준다.

산책로를 따라 완만한 언덕을 오르는데 한 그루의 나무가 시선을 붙잡는다. 내가 좋아하는 자귀나무다. 늦깎이처럼 5월이 되어야 잎을 틔우는 자귀나무는 앙상한 가지를 드러내고 침묵으로 서 있다. 푸른 잎으로 치장한 나무들 사이에서 유달리 초라해 보인다. 가던 길을 멈추고 어서 잎을 피우라고 주문을 하듯 올려다본다. 그런데 뜻밖의 광경에 깜짝 놀랐다. 마른 넝쿨이 엉겨 붙어 자귀나무의 모습이 말이 아니었다. 가지마다 휘감긴 것도 모자라 덤불 더미를 이고 있는 모습이 숨을 쉴 수 없을 만큼 힘겨워 보인다.

마른 줄기 걷어내는 작업을 시작했다. 자귀나무를 휘감은 것은 개울가에서 뻗어온 칡넝쿨이었다. 나무 막대기로 내려치니 검불이 머리 위로 우수수 떨어진다. 높은 가지는 키 큰 딸아이가 한몫을 한다. 심하게 감긴 것은 일일이 손으로 뜯어낸다. 나무 밑둥아리를 감고 있는 굵은 칡넝쿨은 어느새 물기를 머금어 잡아당겨도 잘 끊어지지 않는다. 한 바퀴씩 돌리며 풀어내니, 감겼던 자리가 깊게 골을 이루며 패인 자국이 드러난다. 놀라움에 잠시 손을 멈춘다. 나무는 말이 없지만 몸피가 조여드는 괴로움이 어떠했을까 생각하니 언뜻 가슴을 아프게 했던 사건들이 떠오른다.

요즘 청소년의 자살사건이 빈번하다. 지면을 통한 보도를 대할 때마다 또! 하면서 가슴이 덜컥 내려앉는다. 생면부지의 남의 일인데도 왜 가슴이 뛰는 것일까. 하나밖에 없는 생명을 그리 쉽게 버릴 수 있는가! 부모 형제는 어찌하라고. 성급한 결단에 원망의 이맛살이 찌푸려지기도 한다. 생명을 스스로 끊을 만큼 절박했던 것이 무엇이었을까. 무엇이 그리도 그들의 마음을 옥죄었을까 생각하니 가슴이 저려온다.

최근 한 중학생이 스스로 목숨을 끊은 사건이 크게 보도되었다. 같은 급우인 가해 학생은 자기의 행동을 재미있는 장난쯤으로 생각했다고 한다. 이 얼마나 어처구니없는 일인가. 무심코 던진 돌에 개구리가 맞아 죽은 형국이다. 얼마 전에 발생한 또 다른 사건에서도 구타는 기본이고, 목에 줄을 묶어 바닥을 기게 하고 짐승의 소리를 내게 하며 음식을 주워 먹게 하는, 최대의 모멸감을 주었다고 한다. 또 사람의 입으로 차마 할 수 없을 만큼 험한 폭언을 서슴없이 자행하였다고도 한다. 어린 학생들이 어쩌면 그렇게 잔인하며 난폭할 수 있는가. 전신이 오싹해진다. 학교폭력은 부담 없는 한낱 놀이가 아닌 심각한 범죄행위라는 것을 인식해야 한다.

어느 어머니의 기막힌 사연을 접했다. 딸이 학교폭력과 왕따에 시달려 전학을 해야 하는 아픔을 겪었고, 학교생활 잘하는 줄 알았던 막내아들이 학교폭력 조직인 일진 멤버였다는 이야기다. 어찌 이 엄마만의 일이겠는가. 어린이와 청소년을 둔 부모들은 물론 이 시대를 살아가는 모든 사람들이, 같이 고민하고 걱정해야 할 문제이다. 자식은 누구에게나 소중하다. 내 자식은 타인에게 폭력을 가하지도, 당하지도 않을 것이라는 안이한 생각에서 벗어나야겠다. 자녀와의 격의 없는 대화를 통해 투명한 관계를 형성하여, 마음속 깊은 곳에 자리 잡고 있는 불안감을 해소시켜주는 것만이 자녀들을 보호하는 길이라고 믿는다.

가정에서 흔히 벌어지는 일이 있다. 아이가 밖에서 다투다 울고 오기라도 하면 '왜 우느냐 그놈을 때려주고 오지' 하면서 경위는 따져 묻지 않고 지고 왔다는 패배감으로 자식을 질타한다. 어떤 방법으로든지 상대를 이겨야 한다는 정서가 우리의 문화에 배어있는 것을 부인할 수 없다. 내 자식이 귀하면 남의 자식 또한 그러하니, 입장을 바꿔서 생각하는 마음가짐을 가져야 하겠다. 힘이 세다거나 상급생이라는 이유로, 마음이 여린 친구를 괴롭히는 장난이 지나치면 크나큰 불행으로 이어질 수 있다는 사실을 깨우쳐 주어야 한다.

사람은 용기가 있어야 한다. 하루아침에 용기가 생기긴 힘들겠으나, 피해 학생들은 죽음의 길을 택하기 전에, 죽을 만큼의 용기를 내어 부모, 선생님, 카운슬러에게 심중을 털어놔야 한다. 한 발짝만 내디디면 잡아 이끌어줄 손길이 있다는 확신을 가져야 한다. 하루빨리 괴로움의 사슬을 끊고 굴레를 벗어나기를 바란다. 그러기 위해서는 자기와의 싸움에서 이길 수 있는 힘이 필요하다.

오늘도 산책길에 자귀나무를 살펴본다. 며칠 전 마른 넝쿨을 벗겨주어 말쑥하니 새로운 모습으로 다가온다. 메마른 가지에 파릇한 잎이 돋아났다. 죽어가던 나무가 소생이라도 한 듯, '벌써' 하며 반갑다. 장하다며 나무 밑둥을 쓰다듬어준다. 내 가슴까지 풋풋한 기운이 전해진다. 혹 마음의 갈등으로 괴로워하는 청소년이 있다면, 찬물을 뒤집어쓴 정신으로 마음을 다잡고, 칡넝쿨을 벗어난 싱그러운 5월의 자귀나무를 닮기를 바라는 마음이다.

청소년들의 세계에서 왕따니 학교폭력이란 말이 사라지고 해맑게 웃는 얼굴들이 꽃처럼 피어났으면 좋겠다. 그러기 위해선 일부에서 자행되고 있는 극단적인 이기주의와 물질 만능주의 사고에서 벗어나야 한다. 또 인간의 존엄성을 일깨워 더불어 사는 길로 인도하는 것이 절실하다. 상대를 괴롭히는 아이들도 우리의 차세대이다. 무엇이 그들을 그렇게 몰아가는지, 세심히 살펴 옹골진 마음을 보듬어 치유하는 것 또한 중요한 과제이다.

그들에게만 짐을 지울 것인가. 앞서 살아가는 기성세대의 부모들이 자녀 인성교육의 역할을 다 하지 못한 것을 반성하며 작으나마 힘을 보태야 한다. 이제부터라도 이웃의 자녀들부터 관심을 가져 살펴봐야겠다. ✤

# 바닷속에 들다

바닷길이 열린다.

오래전 주한 프랑스대사 피에르 랑디 씨가 바다가 열리는 광경을 목격했다. 그는 '한국판 모세의 기적'이라며 프랑스 신문에 보도했는데, 그것으로 전 세계인이 알게 되었다고 한다. 이곳에선 해마다 음력 이월 중순에서 삼월 초순 사이 '신비의 바닷길 축제'를 벌이고 있다.

진도군 고군면 회동리에서 모도 사이에 바닷길이 열리게 된 데에는 애끓는 전설이 있다. 조선 초기 제주도 귀양길에 오른 손동지가 풍랑을 만나 표류하여 이곳에서 살게 되었다고 한다. 세월이 흘러 마을을 이루었을 때 호랑이가 자주 침입했는데 그럴 때마다 사람들은 바다 건너 모도로 피신을 했다. 한번은 황망 중에 뽕할머니를 남겨두게 되었다.

뽕할머니는 매일 가족을 만나게 해달라고 용왕님께 빌었다. 기이하게도 바닷물이 갈라지며 땅이 드러나 가족과 마을 사람들을 만날 수 있게 되었다. 하지만 기력이 쇠진한 할머니는 그 자리에서 죽고 말았다. 그때부터 바다가 갈라지게 되었다고 하는데, 뽕할머니를 기려 회동과 모도 사람들은 소원성취와 풍어를 기원하는 영등제를 해마다 지내고 있다.

바다가 갈라진다는 곳으로 발길을 옮겼다. 모도가 건너다보이는 회동리 바닷가엔 벌써부터 사람들로 북적였다. 해안도로에는 삐에로 분장을 한 청년들의 '미라클 판타지아' 공연으로 활기가 넘친다. 삐에로가 되어 행렬에 끼어들었다. 뽕할머니 동상에 소원 띠를 매달고, 페인팅 예술장에서 얼굴에 매화꽃 한 송이를 그려 넣었다. 한껏 피어난 새색시가 손거울 속에서 웃고 있다. 축제 분위기가 한창 익어갈 즈음 풍물놀이패 상수의 꽹과리 소리가 정적을 깼다.

바다로 눈길을 돌렸다. 고깃배들이 닻을 올리고 모도에서 회동리 쪽으로 학익진을 친 듯 늘어서 있다. 임전무퇴를 외치기라도 할 태세다. 바다는 잠시 잊고 흥겨움에 빠져든다. 이윽고 바다에 섬과 육지를 잇는 가느다란 선이 그어지기 시작했다. 선이 점점 넓어진다. 바다표면의 조개구름을 닮은 문양이 햇빛을 받아 반짝인다. 작은 파도가 일렁이는데도 흔들리지 않는 선이 짙은 황토색으로 변해간다. 파도소리를 삼킨 풍물단의 세마치장단이 휘모리장단으로 바뀌면서 점점 절정으로 치닫는다. 때가 가까워지는가 보다.

한식경이 채 되지 않아 회동리부터 땅이 드러나기 시작했다. 바다가 내어준 길을 따라 풍물단이 앞장선다. 사람들이 벌떼처럼 뒤를 따른다. 나도 뒤질세라 얼른 인파 속에 휩싸여 신비의 길로 들어섰다. 흙과 자갈이 섞인 땅이 생각보다 단단했다. 물속에 잠겼었다고는 믿기지 않을 정도다. 피부로 느껴보고 싶어 신발을 벗어 들었다. 습기 머금은 찹찹한 대지의 기운이 느껴진다. 옆으로 밀려난 바닷물이 지척에서 넘실거린다. 금방이라도 덮치지 않을까 하는 불안감이 스친다. 바다에게 악수를 청하듯 바닷물에 손을 담근다. 차가운 기운이 신선하게 느껴진다. 바닷속을 걷고 있다니. 모세를 따라 홍해를 건넌 히브리인들은 갈라진 바다를 건너며 무슨 생각을 했을까.

인파 속에서 한참을 걷다 보니 보이는 것은 사람의 뒤통수뿐이었다. 인파를 헤집고 나와 전망대로 올라왔다. 바닷길에는 섬에서 나온 사람들과 육지의 사람들이 견우와 직녀처럼 만나고 있다. 길은 모도 쪽으로 갈수록 점점 폭이

좁아지면서 긴 역삼각형을 이루고 있다. 모도는 이 시간만큼은 섬이 아니었다. 바닷길은 빼곡하게 들어찬 사람들의 울긋불긋한 옷 색깔로 오색 은하수띠를 두르고 있다.

푸른 바다가 새삼 경이롭게 보인다. 부드러운 물 저 아래 버팀목 같은 땅이 있어  늘 푸른빛을 잃지 않는다는 생각을 한다. 출렁이는 그 생명력으로 또 다른 생명체를 길러내, 인류와 바다는 더불어 살아갈 수 있는 힘을 얻는다.

세상에는 바다 밑 땅처럼 묵묵히 이타심을 행하는 이들이 많이 있다. 나는 누군가에게 단단한 땅이 되어 주고 있는지. 푸른빛을 품고 생기를 주며 위로가 되고 있는지. 오래도록 잊히지 않을 바닷속 걸음. 바다를 바라볼 때면 그때의 신비한 체험에서 얻은 신선함으로 그 푸르름에 오롯이 잠겨든다.

# 고마리

자연과 사람은 불가분의 관계를 맺고 있다. 자연 속에서 살아가는 모든 생명체는 흙이나 물, 햇빛, 공기 등에 의존해 생명을 유지한다. 사람들은 그들과 벗하고 노래하며 자연을 보호하고 보존하는 길이 자신을 위하는 일임을 안다. 나무 한 그루 풀 한 포기도 소중히 하여야 하는 이유이다.

해운대 장산 생태복원에 견인차 역할을 하는 선생님이 있다. 가끔 산행의 동반자로서 자연을 배우는 데 도움을 받는다.

9월로 접어들었으나 좀처럼 더위가 기세를 늦추지 않던 어느 날, 생태변화를 살펴보기 위해 그와 함께 산을 올랐다. 이럴 때는 친한 벗을 찾아가는 것 만큼이나 마음이 설레고 급해진다.

목적지에 다다랐을 때 확 트인 파란 하늘 아래 녹색의 벌판이 싱그럽다. 태초의 원시림을 찾는 기분으로 우거진 나무숲을 헤치며 들어갔다. 저만치 낮게 자리한 습지에 새하얗고 분홍빛으로 어우러진 화사한 별꽃의 군락지가 나타났다. 첫 눈길을 확 끌어당긴다. 행여 꽃줄기를 밟을까 조심조심 한 발짝씩 다가갔다. 허리를 굽혀 살펴보니 작은 꽃봉오리가 도돌도돌 앙증스럽다. 메밀꽃을 연상하게 하는 이 꽃을 '고마리꽃' 이라고 했다.

'고마리꽃' 속에 서 있으니 한창 피어난 메밀밭에 들어선 기분이다. 어느 해 여름 메밀꽃을 보기 위해 봉평을 찾았다. 넓은 들판에는 단편소설 「메밀꽃 필 무렵」의 표현대로 '소금을 뿌려놓은 듯' 했다. 메밀은 환경을 탓하지 않고 강원 산간지방같이 척박한 땅에서도 잘 자란다. 농경에만 의지했던 시대에 잦은 가뭄으로 농민들이 속수무책 허기에 시달렸을 때 메밀은 주린 배를 채워주는 구황식품이 되어 주었다.

내가 자라던 시골 냇가에는 '고마리꽃' 이 많이 피어있었다. 그때는 이름도 몰랐거니와 그저 풀꽃으로만 생각했다. 정원의 목단이나 수선화에 비해 초라했다. 그러나 떼 지어 피어있는 그 꽃은 삭막한 개천가를 곱게 물들여 잠시나마 나의 동심을 어루만져 주었다. 세월이 한참 지나 중년이 되어 다시 찾은 그 냇가에선 '고마리꽃'을 볼 수 없었다. 서운한 생각이 들었다. 혹시나 하는 마음에 내를 따라 하류로 걷기 시작했다. 내려갈수록 냇물이 퍼지면서 넓은 습지를 조성하고 있었다. 뜻밖에도 그곳에는 수초들과 어우러진 '고마리'가 꽃을 피우며 건강하게 자라고 있었다. 다행스러움과 반가운 마음이 겹쳐 나를 동심의 세계로 이끌었다.

'고마리'는 생명력이 강해 습지나 아주 지저분하고 오염된 곳에서도 잘 자란다. 가냘픈 이미지와는 다르게 자연환경 지킴이 역할을 톡톡히 한다. 파뿌리처럼 왕성하게 실뿌리가 자라 더러운 물을 흡수하여 정화작용을 하기 때문이다.

수없이 장산을 오르내렸는데도 이곳이 습지로 변하여 '고마리'가 자생으로 자리를 잡았을 줄은 몰랐다. 오염된 수질을 인공으로 정화시키려면 많은 비용이 필요한데 자연적 치유로 최대의 효과를 얻을 수 있으니 얼마나 고맙고 소중한 존재인가. 고맙다고 하여 '고마리'라는 이름이 붙여졌다는 말은 쉽게 잊혀지지 않을 것 같다.

주위를 둘러보면 고마리처럼 묵묵히 자신의 주위를 밝히는 사람이 많이 있다. 우리 동네만 해도 체육공원에 동틀

무렵이면 어김없이 나오는 노부부가 있다. 십여 년이 넘도록 보아오다 보니 이제는 흰머리가 더욱 많아졌지만 아직도 청년 같은 기상은 변함이 없다. 연세가 지긋한 할아버지는 힘 있는 목소리로 구령을 붙이며 빙 둘러선 주민들과 함께 체조를 한다. 아침체조가 에너지를 충전하는 좋은 계기가 되고 있다.

체조를 마치고 돌아가는 할아버지 손에는 오물이 들어있는 비닐봉지와 긴 집게가 들려있다. 산을 오르내리며 버려진 쓰레기를 줍는 것이다. 더럽혀진 환경을 깨끗이 하여 이곳을 찾는 사람들이 상쾌한 기분을 느끼도록 해준다.

아파트 산책로에 생활쓰레기가 어지럽게 버려져 있다. 하루는 마음먹고 집게와 비닐봉지를 들고 줍기 시작했다. 얼마 줍지도 않았는데 허리 통증으로 벤치에 주저앉고 말았다. 체육공원 할아버지의 노고를 쉽게 생각했던 내가 부끄럽다.

남몰래 고마리를 닮아가는 일은 쉬운 일이 아니다. 더럽고 힘들며 위험한 직종을 기피하는 현상은 오래전부터 사회의 논란이 되고 있다. 또 조금만 잘해도 남에게 생색내기를 앞세우고, 남을 배려하기보다 자신의 이익만을 추구하는 것은 보는 이들을 불편하게 한다. '오른손이 하는 일을 왼손이 모르게 하라' 는 말이 새삼 절실하다. 선의의 경쟁으로 서로에게 고마리였으면 좋겠다. 남을 위하는 일은 결국엔 나에게도 유익한 것이 된다.

메마른 땅에 습지가 점점 늘어나고 많은 고마리가 자연환경을 지켜주기를 바란다. 습지가 많이 형성되면 홍수나 지구온난화와 이상기온을 방지할 수 있다고 한다. 도처에 습지생물이 더욱 많이 살아나고 철새들이 날아들어 생태계가 온전히 치유되는 날이 속히 왔으면 좋겠다. 그런 날을 생각하니 미리부터 마음 흐뭇하다.

# 움직이는 별

오늘도 생태학습장으로 향한다. 장산 7부 능선에 조성된 그곳에는 희귀식물의 삽목이나 묘목들이 자라고 있다. 작은 웅덩이에 앙증스런 노랑어리연꽃을 늘씬한 창포가 몸매를 자랑하며 내려다본다. 물풀과 이끼 사이로 참개구리와 비단개구리가 시원하게 헤엄친다. 부들잎에 앉았다 나는 군청색 물잠자리의 가냘픈 날갯짓이 도시를 잊은 피접에 든 것 같이 여유롭다. 웅덩이 돌 틈에서 '반딧불이' 애벌레를 발견했다. 애벌레가 생겨난 것은 오랜 꿈이 싹을 틔운 성과였기에 뿌듯하다. 주변이 오염되지 않아 탈 없이 잘 부화하여 주기를 바란다.

9월로 접어들면서 벅찬 소식이 왔다. 드디어 '반딧불이'가 날았다고 한다. 장산 생태복원 선생님의 떨리는 음성이 전해진다. 해가 저문 시각에 우리는 구청 환경과 공무 수행원과 함께 손전등을 비추며 생태학습장으로 향했다.

사위가 어슴푸레하다. 시간이 지날수록 초조함이 더해지는데 어둠에 익은 눈빛만이 분주하다. 이곳에 도착한 지 한 시간 남짓 지나자 포기하고 돌아가려는 쪽으로 마음이 기울었다. 그때였다. 키 큰 나무들이 짙은 그림자를 드리운 숲에서 작은 빛이 보였다. 깜빡이는 불빛을 선두로 연이어 날아오는 빛의 무리들. 순간 동공이 커지며 속탄성을 지른다. 반딧불이가 놀라 달아나기라도 하면 어쩌나 하고 조바심이 났다.

실로 벅찬 순간이었다. 한참을 그냥 서 있다가 어린아이처럼 '반딧불이'만 보고 이리저리 따라다닌다. 안내라도 하듯이 앞장서 난다. 인근 초원에 다다랐다. 그곳에는 더 많은 '반딧불이'가 날고 있었다. 무리지어 멀리 날아가기도 하고 풀숲에 들어 깜빡이기도 한다. 시야에서 멀어지면 돌아오지 않을까, 나뭇잎에 숨어 다시 날지 않을까 애가 탄다. 어느덧 인간의 존재는 한없이 작아지고 한낱 곤충의 불빛만이 주인이 되어 까맣게 물든 허공을 장식한다. 공활한 밤하늘의 별빛조차 자리를 내어준 듯하다.

기억 속의 '반딧불이' 불빛이 되살아난다. 오래전 뉴질랜

드 와이토모 천연동굴에서였다. 지하 강으로 들어가는 배 안에서 일행들은 숨을 죽여야 했다. 반딧불이 보호를 위해서였다. 강을 따라 느리게 이동하는 물소리만이 들릴 뿐이다. 잠시 후, 찬연한 불빛이 눈앞에 전개됐다. 암벽에 촘촘히 박힌 희고 푸른 불빛이 저마다 장단을 맞추듯 깜빡거린다. 헤일 수도 없는 은하수를 방불케한다. 눈을 뗄 수 없을 정도로 숨 막혔던 광경이 기억 속에서 오래도록 빛을 잃지 않고 있다.

인류는 빛 속에서 생존한다. 태양의 빛으로 살아감이 만고의 진리이나, 대체 빛으로 밤은 물론 낮까지 영향을 받고 생태계가 바뀌기도 한다. 전기라는 불빛이 우리의 삶을 살찌우고 윤택한 문명의 세계로 들게 하지만, 가로등 불빛으로 하여 잠 못 드는 가로수의 고통을 사람들은 알고 있을까.

어느 날, 중년 남성이 춘천을 거슬러 오르며 몸을 구부리고 무언가를 주워 비닐봉지에 담고 있었다. 호기심에 다가가 살펴보니 뜻밖에도 다슬기였다. 다슬기를 보자 갑자기 마음이 밝아지며 희망의 메시지를 받은 듯했다. 환경 지표생물이 되는 다슬기의 서식은 이곳이 1급수가 되었다는 징표이다. 그에게 장산 환경지킴이들이 '반딧불이'가 다시 서식하도록 정성을 쏟고 있으며, 다슬기와 우렁이 잔새우는 '반딧불이'에 따라 그 애벌레의 먹잇감이 되기도 한다는 이야기를 들려주었다. 물속에 선 채로 우두커니 듣고 있던 그는 겸연쩍은 듯 잡았던 다슬기를 놓아주곤 물 밖으로 나왔다.

우리 고장 부산에는 크고 작은 산이 많이 있다. 장산은 물론 금정산, 구덕산, 달음산 등 계곡마다 맑은 물이 흘러 생태계를 유지해준다. 한동안 자연이 방치되어 심한 오염으로 몸살을 앓았다. 일부 사람들의 무관심이 자초한 일이다. 마구 흘려버린 폐수로 생태계가 파괴되는가 하면 식수가 위협받고, 하천의 악취로 공기까지 오염되어 결국 인간에게는 질병으로 다가온다. 역겨운 냄새로 강가를 지나기조차 힘들었던 동천 환경복원은 괄목할만한 정화사업이었다.

장산에 피어난 '반딧불이' 복원의 꿈은 이루어졌다. 꿈 너머 다시 꿈을 꾸어본다.

해마다 '반딧불이'의 가족이 활발히 번식되기를 바란다. 그 불빛이 우리 고장 곳곳의 산과 하천에 퍼져나갔으면 좋겠다. 많은 사람들이 '반딧불이' 빛을 보며 동심을 느끼고, 일상의 스트레스를 날려 보내 홀가분한 마음으로 즐겼으면 한다. 그런 밤 나도 그들과 함께 깜빡이는 빛을 좇아 아이처럼 벌판에서 뛰어놀고 싶다.

# 구곡산길 이정표

해운대 장산 6부 능선에서 반송 쪽으로 등산로가 있다. 구곡산 골짝을 끼고 구부러진 길을 내려가다 보면 황토로 다져진 길이 나온다. 이곳에 들어서면 맨발로 걸어보고 싶어진다. 수행하는 티베트 스님처럼 벗은 발로 걸어본다. 찹찹한 흙의 신선함이 발바닥을 타고 스며든다. 온몸이 새로운 흙의 기운을 얻는다. 한참을 걸으니 발바닥을 자극하는 잔돌이 야속하지만 참고 견디며 오늘의 수행을 완수하기로 한다.

이 길은 사람의 발길에 의해서만 생겨진 것이 아니라는 흔적이 역력하다. 우선 여느 산길보다 넓고 편편하다. 지지대를 받친 산벚꽃나무며 가지런한 쪽동백나무가 잘 가꾸어진 정원에 들어선 느낌을 준다. 더욱이 길을 가로질러 흐르는 도랑의 홈을 손질한 돌 축대에도 정성이 배어 있다. 길 옆으로 간간이 솟아 있는 돌탑들이 마이산에서나 봄직한 전문 석수의 예술작품에 손색이 없다.

지난 겨울 지인으로부터 이 길에 대한 내력을 들었다. R 씨라는 사람이 몇 년 전부터 틈틈이 다듬기를 계속하고 있다고 한다. 장산 쪽에서 내려가려고 하니 질퍽거려 들어설 수가 없었다. 쌓였던 눈이 녹는 중이었다. 봄이 되기를 기다려야 했다. 삼월이 되면서 다시 그 길을 찾아가니 왕래가 자유로웠다. 길을 걸으며 힘들었을 그의 노고가 피부로 느껴졌다.

R 씨를 만나보고 싶었다. 몇 번의 헛걸음 끝에 어렵사리 만날 수 있었다. 반가우면서도 덥석 달려갈 수 없었다. 굳게 다문 입, 진지한 표정이 잠깐의 여유를 갖게 한다. 그는 웅덩이를 메우고 있었다. 삽질을 한 흙을 힘주어 밟아준다. 말 못할 사연 있어, 상처 난 흔적을 다지고 있는 것일까. 슬픔이, 아픔이 다시는 싹 틔우지 말라고 단단한 길 하나 가슴 깊이 다지고 있는 것일까.

그의 헙수룩한 바지와 셔츠차림, 햇볕에 그을린 구릿빛 얼굴이 평범한 농부를 떠올리게 한다. 땀에 젖은 얼굴에 주름진 이마가 오십 대 중반은 되어 보인다. 옆에는 삽 이외에도 곡괭이며 지렛대, 여분의 등산화와 물병이 놓여 있다. 내가 다가가자 활짝 웃음을 머금으며 일손을 멈춘다. 힘들지 않느냐는 물음에 귀찮아하는 기색도 없이 응수까지 해준다. 지체가 자유롭지 못하거나 노인분들을 위하여 편한 길을 만들고 싶었다는, 힘이 있으면서도 구수한 경상도 사투리가 시댁 고향의 아재를 닮았다.

참으로 갸륵한 마음을 읽을 수 있었다. 오늘은 오르내리는 목마른 등산객을 위하여 샘 자리를 만드는 중이라고 한다. 바위틈에서 물이 흐르는 터라, 다듬으면 좋은 옹달샘이 됨직하다. 자세를 낮추고 손바가지를 만들어 물을 마셔본다. 단박에 오장육부를 타고 싸르르 적셔준다. 고개를 들어 나뭇잎을 바라보니 머릿속까지 푸른 정기가 서려온다.

공덕功德중에서는 우물을 파 목마름을 적셔주는 일, 길을 내주어 왕래하도록 하는 것이 제일이라고 한다. 남을 의식하지 않고 마음으로 우러나서 행하는데 더 큰 복이 있지 않을까. 참으로 무심도인인 귀한 사람을 만났다. 그는 누가 지켜보지 않아도 바르게 살아왔을 것이며 앞으로도 그러한 삶을 살아갈 것이라 여겨진다.

길에서 보내는 시간이 참으로 많다. 잠자리를 털고 일어나는 순간부터 길로 들어선다. 집안에서의 동선도 엄밀히 말하면 길인 셈이다. 비단 사람에게만 길이 있을까. 숲 속 동물, 하늘을 나는 새에게도 길이 있다.

걸어온 길을 뒤돌아본다. 때로는 길을 잃고 헤맨 적도 있었다. 그럴 땐 산행에서 길을 잃었을 때 높은 곳에 올라 지형을 살피듯 자신을 바라보는 시간을 갖는다. 지나온 길은 평탄하다가도 굽이지고 가파르며 내리막도 있었다. 한 길로만 가도록 정해졌다면 무슨 묘미가 있을까. 험한 길이 있으면 반드시 수월한 길이 기다린다는 평범한 진리를 믿기로 한다.

길은 자신의 의지와 뜻으로 정해지는 것이 바람직하다. 좋은 생각에 훌륭한 이정표가 있다면 금상첨화가 아니겠는가. '눈 내린 길을 함부로 걷지 마라. 뒤따라오는 이에겐 이정표가 되리라.'는 성현의 가르침. 이 얼마나 무섭고 준엄한 말인가.

햇볕 좋은 날 산행에 나섰다. 사람의 왕래가 잦은 큰길을 비켜 오솔길에 더 마음이 끌린다. 호젓한 길은 어리석은 허상의 껍데기를 벗는 치유의 공간이 되기 때문이다. 수목들이 잔잔히 들려주는 이야기를 한 발짝 가까이서 들을 수 있어 정감마저 느껴진다. 자연을 닮아가려는 나의 길을 나무들에게 묻는다. ✤

# 귀향

바다를 봅니다.

볼수록 광활하네요.

쉬지 않고 일렁이는 수면 위로 갈매기들이 비행하고 있어요.

어느덧 갈매기들은 지친 듯 날개를 접으며 모래사장으로 내려앉네요.

누군가 시킨 것처럼 줄지어 앉은 모습은 쉼표를 닮았어요.

점점이 무리를 이루고 있는 쉼표들의 머리가 나를 향하고 있네요.

회색도 아니고 보라색도 아닌 것이, 날갯짓을 할 땐 온통 하얗게 보여요

햇빛은 참으로 오묘한 빛을 만들어 냅니다.

어린 아이 하나가 갈매기에게로 걸어가네요. 서너 살쯤 되어 보여요. 빨간 반바지, 노란 티셔츠, 흰 모자를 썼네요. 새들도 아이처럼 맨발이군요. 아이가 다가가자 꼬리 물은 쉼표들은 날개를 펼치고 하늘로 솟아오르네요.

갈매기들을 따라갑니다. 날갯짓 아래 여객선 한 척이 지나가네요.

갈매기는 끝없이 날아가는가 싶더니

더러는 수면을 향해 쏜살같이 내려꽂히다가 이내 솟아오르네요. 먹이를 물었네요.

갈매기들은 날개를 접고 발자국이 기다리는 모래사장으로 돌아오네요.

아직도 아이는 그 자리에 서 있군요.

아이가 갈매기를 가리키며 뒤를 돌아보네요.

아이가 발자국을 찍으며 한 여인에게로 갑니다. 앉아있던 여인이 일어서네요. 손에 든 풍선을 아이에게 줍니다

갈매기는 점점이 내려앉아 다시 쉼표가 됩니다. ✻

# 4부

꿀벌은 노랗게 꽃분을 뒤집어쓴 채
꽃 속에서 나올 기미를 보이지 않는다.
점점 깊이 파고드는 걸 보니
밀애가 깊어질 모양이다.

# 깨어진 항아리

골목 어귀에서부터 펼쳐지는 광경이 낯익다. 어릴 적 풍경이다. 어디선가 할머니가 한걸음에 달려 나와 반갑게 손을 잡고 맞아주실 것만 같다. 등구나무 밑에서 손자를 어르시던 어른들이, 읍내 학생 왔다며 환한 미소를 보낼 것 같다.

활짝 핀 호박꽃과 나팔꽃이 주위를 밝게 채색한다. 싸리나무를 엮어 둘러친 울타리에 호박넝쿨이 가불가불 감으며 오른다. 은은한 향을 음미하며 호박꽃 속을 들여다본다. 윤기 흐르는 꽃방에 보송한 꽃가루를 듬뿍 뿌린 꽃술이 솟아 있다. 때마침 일벌 한 마리가 날아와 눈앞의 호박꽃 속으로 솔솔 기어들어간다. 꿀벌은 노랗게 꽃분을 뒤집어쓴 채 꽃 속에서 나올 기미를 보이지 않는다. 점점 깊이 파고드는 걸

보니 밀애가 길어질 모양이다.

시선이 울을 넘어 뒤란을 기웃거린다. 옛날 할머니 댁 이웃 봉순이 집이 떠오른다. 뒷문을 열어놓고 글 읽는 수려한 선비, 봉순이 오빠의 모습이 보인다. 멀지 않아 초시에 입격하여 백성을 성심껏 다스릴 목민관이 될 것 같다. '삐걱' 하며 부엌문이 열린다. 검정 치마에 분홍 무명저고리를 입은 봉순이다. 동백기름 반들거리는 머리를 쫑쫑 땋아 빨간 댕기가 허리에 닿는다. 치맛자락을 미리부터 치켜 잡고 뒤란을 돌아나가는 종종걸음이 뒷간에라도 가는 모양이다. 파란 하늘의 선명한 흰 구름 한 조각이 손짓한다. 회상回想의 골목을 따라 장터로 나갔다.

한 사내가 정신없이 달아나고 포졸들이 추격한다. 장꾼들이 이리저리 흩어지며 웅성거린다. 흉악범을 쫓는 모양이다. 부녀자를 희롱하고 강도짓을 한 범인인가 보다. 격서에서 보았던 얼굴 칼자국이 범인의 인상과 닮았다. 사람 사는 곳에는 시대를 불문하고 선과 악이 공존한다.

장터 저쪽에서 뚝딱거리는 소리가 들린다. 그쪽으로 걸음을 옮기니 대장간이다. 벌건 쇳덩이를 꺼내어 쇠모루에 놓고 두드리는 두 장정이 보인다. 소매가 없는 베잠방이를 걸치고 머리에 수건을 동여맸다. 불룩한 배가 드러나는 사내 둘이서 힘살 좋은 팔뚝으로 망치질에 열중이다. 별빛이 흩어지듯 불똥이 튄다. 한 사내가 쇠붙이를 집게로 집어 요리조리 위치를 바꾼다. '어싸어싸' 추임새를 넣으며 장단을 맞춘다. 우리 선조들은 '뚝딱' 소리가 만들어낸 쟁기로 무논을 갈고 곡괭이와 호미로 밭을 일구며 삶을 이어갔다. 주린 배를 움켜잡고도 신명나게 땀 흘린 덕으로 오늘날 우리가 문명을 누리고 살고 있는 것이리라 생각된다.

줄타기 공연장이다. 사람들이 빼곡히 모여 북적인다. 빙 둘러앉거나 서 있는 사람들 모두의 얼굴엔 호기심이 가득하다. 높다란 작수목이 동아줄을 버티고 있다. 허공에 외줄이 그어졌다. 흰 중의적삼에 빨간 두건과 파란 허리띠, 검은 토시, 하얀 행전을 한 줄광대의 모습은 돋보였다. 한 손에 부채를 들어 품위를 더해주지만 실은 몸의 균형을 잡는 데에 필요한 도구이다. 줄광대가 등장하면서 줄타기가 중요무형문화재로 지정됐다는 소개가 그의 품격을 드높인다. 줄광대의 구수한 재담에 관중의 귀가 쫑긋하다.

장구재비가 치는 '쿵 닥닥' 박에 맞추어 허공에 그어진 한 가닥 외줄이 미세하게 흔들린다. 파란 하늘을 가르는 한 마리 학이 날아오른다. 날아오른 학이 다시 줄 위에 사뿐히 내려앉아 걷고 뛰며 발 바꿔 뒤로 걷는 모습에 감탄을 자아내는데, 때론 짐짓 줄 아래로 떨어지는 듯한 시늉을 내어 관객들의 간을 쥐락펴락한다.

마지막으로, 열렬한 박수에 대한 보답이라며 어려운 묘기를 선사한다고 한다. 반들거리는 작은 물동이가 줄광대에게 전해졌다. 물동이를 머리에 올리니 참한 새색시같이 조신하다. 재담이 이어지고 줄광대는 물동이보다 엉덩이를 보란다. 아마도 엉덩이를 흔들며 폭소를 자아낼 계책이 있는 듯하다. 물동이와 엉덩이를 번갈아 보며 숨을 멈추고 손에 땀을 쥐었다. 장고재비의 느린 장단이 울리고 줄광대 발이 서너 발자국을 뗐다. 순간, 물동이가 땅바닥에 떨어져 박살이 났다. 장내엔 작은 탄식이 깔렸다.

수십 년 동안 줄 위에서 놀았던 고수도 저런 실수를 하는데, 내 인생에 내가 알았거나 알지 못하고 저지른 실수는 얼마나 많았을까. 인간이기에 어쩔 수 없이 실수할 때도 있다. 하지만 실수를 했다 해도 좌절하지 않고 인생의 줄타기를 계속해야 하는 것이 사람이다. 남에게 단 한 번이라도 멋진 모습의 나를 보여주고 싶다. 그러려면 나는 얼마나 많은 항아리를 깨뜨려야 할까. ✲

# 은행나무 그늘

친정집에는 수령이 오래된 은행나무가 있다. 암수가 마주 보아야 실한 열매를 맺는다는 은행나무는 앞뜰과 뒤뜰에서 서로 바라보며 서 있다. 은행나무는 아버지가 심고 공들여 가꾸셨다. 키가 훌쩍 큰 뒤뜰의 수나무에 비해 앞뜰의 암나무는 늘 어머니를 생각해서인지 어머니의 넉넉한 체형을 닮았다.

둘째 남동생이 올해도 햇은행을 보내왔다. 가을 햇살을 듬뿍 머금은 은행을 한 움큼 집으니 반들반들한 촉감에서 형제의 정을 느낀다. 마음은 벌써 친정집으로 달려가 은행나무 아래 빈 의자에 둘러앉아 이야기꽃을 피운다.

어느 해 가을 친정에 갔을 때다. 때마침 은행나무에는 노랗게 익은 은행이 조롱조롱 달려있었다. 나무 밑에는 노란 은행잎과 열매가 떨어져 뒹굴고 있었다. 동생은 "누님 오셨으니 은행을 드려야겠다."며 작업복으로 갈아입고 나무 밑에 커다란 포장을 깐다. 올케와 나는 은행알에 맞을 것을 염려하며 머리에 수건을 쓴다. 올케는 연중행사에 내심 귀찮은 생각이 들었겠지만 나는 신이 났다.

동생은 은행나무 둥치에 올라서서 몸을 의지한다. 긴 장대를 나뭇가지 사이로 밀어 넣는다. 고개를 들어 장대를 따라 올려다보니 은행잎 사이로 언뜻언뜻 보이는 파란 하늘이 드높다. 가지를 톡톡 칠 때마다 은행알이 와르르 쏟아진다. 동생은 잠깐씩 멈추었다가 다시 턴다. 행여 나무에 큰 충격을 줄까 염려하는 생명사랑의 마음을 읽는다. 열매를 얻는 것도 고마운데 나무를 아프게 할 수는 없기 때문이리라.

몇 년 전 서울 큰딸네 집에 갔을 때였다. 아파트 단지와 인근 학교에 은행나무가 여러 그루 있었다. 잘 익은 은행을 보자 친정집을 떠올리며 길거리에 떨어진 은행이 아깝다는 생각이 들어 은행을 줍기 시작했다. 이른 시간엔 운동장, 낮에는 정원, 밤에는 주변에 있는 큰 은행나무 밑에서 주웠다. 며칠 동안 은행을 주워 모았지만 집안에서는 누구도 눈치를 채지 못했다.

은행을 씻어야 했다. 꽁꽁 싸매놓은 봉지를 풀자 고약한 냄새가 진동을 한다. 방문을 닫고 창문을 활짝 열고, 냄새를 없애주는 촛불도 켰다. 은행 씻기는 생각보다 쉽지 않았다. 겉껍질을 으깨고 씻어내기를 수없이 해야만 했다. 손목이 아파왔다. 퇴근한 딸은 소쿠리에 담겨진 은행사연을 듣고 못마땅한 기색이었지만 은행 줍는 재미를 멈출 수는 없었다. 나는 그때 자칭 은행 신에 걸렸다고 말해 웃음을 자아내기도 했는데, 노력에서 얻은 대가가 주는 즐거움을 만끽한 한때였다.

동생 내외는 펌프 물을 잦아 올려 은행을 씻는다. 집안 가득 구린 은행 냄새가 진동한다. 은행알을 살포로 짓이겨 헹구기를 반복하자 매끈한 속살이 드러난다. 소쿠리에 은행이 소복소복 쌓인다.

동생은 어제의 힘들었던 일을 내색도 않고 서둘러 뽀얀 은행을 나누어 담는다. 형제들에게 가을을 듬뿍 실어 사랑하는 마음까지 담아 배송한다.

해마다 오월이 되면 꽃구경 오시라는 작은 올케. 시아버지가 가꾸시던 정원에 꽃을 심는다. 꽃을 가꾸는 그녀의 모습은 아름답다. 그녀는 은행나무 주변에 일 년생 화초를 가꾼다. 채송화, 봉숭아, 백일홍, 수선화, 작약, 붓꽃이 피어난다. 갖가지 향기가 나는 꽃을 찾아 벌 나비가 날아든다. 꽃보다 어여쁜 안주인의 배려 덕분에 은행나무는 외롭지 않을 것 같다.

마당에 우뚝 서서 온갖 인간사를 삭히며 말이 없는 은행나무는 봄부터 가을까지 소리 없이 분주하다. 촉을 틔워 그늘을 주고 꽃을 피워 열매를 맺는다. 혹한과 비바람에도 흔들리는 가지를 묵묵히 붙잡아 버틴다. 그뿐인가. 가진 것 다 내어주고도 나목이 된 채 비움의 자세로 굳건히 서 있다.

나는 먼저 가신 맏언니의 빈자리를 채워나가고 있는가. 집안의 윗사람으로서 동생들을 살뜰히 보살폈는가. 내 앞만 챙기느라 다른 가족에 대해 무관심하지는 않았는가. 형제들의 맏이가 되어 동생들이 내 그늘에서 편히 쉴 수 있도록 풍성한 잎이 달린 가지를 뻗어야 하겠다. 수문장처럼 당당히 집을 지키고 서 있는 은행나무처럼 나도 한 집안을 지키는 든든한 존재, 미더운 어른으로 자리하고 싶다.

이 가을 동생의 수고 덕분에 즐거운 날을 보낸다. 고향을 생각하면 노랗게 물든 은행나무가 오버랩된다.

한 그루의 나무가 보여주는 인내와 비움의 실천을 삶에 접목하기 위해 조금씩 나를 넓혀가고 있다. ✻

# 사문탈사 寺門脫蓑*

오늘은 아침부터 눈발이 날린다. 창밖을 내다보니 눈송이가 점점 굵어지는 것이 쉬 그치지 않을 기색이다. 겨울꽃이 피기 시작했다. 겨울눈 보기가 쉽지 않은 남쪽 지방에선 귀한 풍경이어서, 오랜만에 큰 횡재를 만난 듯 마음이 설렌다.

물을 끓이고 다구를 편다. 행여 감기라도 걸릴까 염려되어 눈을 맞으며 제대로 즐길 수 없는 아쉬움을 털어내고 싶어 도록을 꺼낸다. 고미술 중에서도 풍속화에 관심이 끌리는 것은 고전을 읽으면서 그들의 삶을 보다 생생히 느끼고 들여다 보고 싶은 습성 때문인가 싶다. 눈발을 바라보던 시선을 내려 간송서화집으로 돌린다.

오래전 간송미술관에 간 적이 있다. 서울에서 가보고 싶었던 장소 중의 한 곳이다. 때마침 겸재 정선의 250주기 기념 특별전이라는 현수막이 걸려있었다. 벅차오르는 기쁨을 자제하며, 단아한 정원을 지나 전시실에 들어갔다. 화방벽에 걸린 그림을 감상하다가 『간송문화澗松文華』라는 서화집을 만났다. 앞뒤 잴 새 없이 바로 구매했다.

그림을 한 편씩 넘기는 중에 겸재 정선의 그림과 대면했다. 겸재는 흙과 돌로 이루어진 우리 산천을 화폭에 담은 화가였다. 조선후기의 대가로서 북방과 남방 화법의 조화를 이룬 진경산수화를 창안했다. 당시 또는 후대의 문인들은 겸재의 작품을 보며 '기이하고 웅장하다.', '정직하고 엄한 기상이 있다.'고 하면서 그의 작품을 대할 땐 '몸을 일으켜 경의를 표하고 싶다.'는 찬사를 아끼지 않았다.

겸재가 즐겨 그렸다는 〈사문탈사〉는 오늘의 분위기에 어울리는 그림이다. 어느 눈 오는 날 율곡 이이가 소를 타고 절을 찾는 모습을 그린 그림이다. 겸재의 80세 그림의 기준작이라는 해설이 있다.

그림을 찬찬히 살펴본다.

절문 앞에 우람한 나무 두 그루가 세월을 이기며 서 있다. 강한 먹 선으로 표현한 노근이 절의 연륜을 말해주는 것 같다. 쌓인 눈을 힘겹게 지고 있는 줄행랑지붕, 잎 진 가지에도 눈꽃이 피어있다. 율곡이 타고 온 靑牛가 방금 당도한 것처럼 생동감 있게 보인다. 눈을 맞으며 왔는지 도롱이를 입었다. 지팡이를 짚은 동자도 먼 길을 걸어온 듯 지쳐 보인다. 소가 멈추기도 전에 주지스님은 재바르게 도롱이를 벗긴다. 조실인 노승은 시자를 거느리고 문 앞까지 나와 합장으로 맞는다. 장삼에 승관을 갖추었으니 찾아온 손님의 지체가 높다는 것을 알 수 있다. 예를 다하여 현자를 맞아들이는 정중한 풍경이다. 마치 내가 사문탈사 그림 안에 있는 것 같다.

세밑 눈을 바라보며 한 잔 담소의 풍류가 상상된다. 느닷없이 찾아온 손님을 반색하며 맞아들이는 훈훈한 기운이 나에게까지 전해진다. 아마도 그들은 천지가 하얗게 물든 속에서 세상 오욕은 눈밭에 묻어두고, 묵언으로 마주 앉아 새벽닭이 울도록 찻잔을 기울일 것이다. 새벽별이 뜨더라도 두 노옹은 마음을 버리지 못할 것만 같다. 찻물 달이는 애꿎은 동자승은 졸음을 쫓아내려 몸을 뒤틀고, 저린 발을 달래려 콧잔등에 침을 바를 것 같다.

창밖에는 아직도 눈이 내리고 있다. 한 모금의 차를 머금으며 향을 음미한다. 문득 잊을 수 없는 눈 풍경이 어제 일처럼 되살아난다. 오래전 속리산 법주사에서 어머니의 49

재를 올릴 때였다. 마지막 재를 남겨놓고 어머니를 위한 참회기도를 올렸다. 이레 동안 매일 천 배의 절을 올리는 중이었다. 며칠 째인가, 사시기도를 마치고 법당 문을 열었다. 밖에는 목화송이 같은 눈이 펑펑 쏟아지고 있었다.

법당 문을 나섰다. 추녀 밑에 서서 한참을 보고 있으니 머릿속까지 하얘진다. 이승에서 풀지 못한 한을 훨훨 털어내시는 어머니의 손길이 보인다. 언제부터 내렸는지 법당 앞 석등이 눈부처로 변해있다. 눈 덮인 전각이며 나무들도 백색으로 치장을 했다. 힘겹게 가지를 붙잡는 소나무, 솔향마저 눈 속에 갇혔다. 바람 한 점 없는 산중에서만이 만날 수 있는 적막이었다. 점심공양 종소리가 울려온다. 종소리마저 하얗게 날개 펼치며 날아오는 듯하다. 눈을 맞으며 천천히 걷는다. 고요는 머릿속에 얽히고설킨 분별을 앗아가버렸다. 이대로 눈 속에 묻혀도 좋겠다는 생각이 들었다.

한낮이 되면서 아파트 창밖의 눈발이 간간이 흩날린다. 골똘함에서 깨어나 그림 속에서 빠져나온다. 화집을 접어 탁자에 얹어두고, 밖으로 나가 백색의 풍경을 맞이한다. 눈이 부시다. 아무도 밟지 않은 순결함 위에 발자국을 찍는다. 나는 왜 아직까지 하얀 풍경에 환호하는가. 지우고 싶은 내 안의 그림은 무엇인가! 알게 혹은 모르는 사이에 엉킨 타래를 풀어내야 하겠다.

목적 없는 발자국을 찍으며 아파트 공터를 맴돈다. 몽상 속에 들었는가. 차가운 기운이 얼굴을 스친다. 돌아온 현관 앞에서 어깨 위 잔설을 털어내고, 발을 굴려 신발에 묻은 눈을 턴다.

요즘은 핵가족시대로 빠르게 진행되고 있다. 내가 어렸을 땐 어른이 외출에서 돌아오면 집안의 가족들은 문간으로 나가 마중했다. 모자나 외투를 받아주고 안으로 모신다. 요즘은 자손들이 있다 하나 제각기 일터에서 생존경쟁의 전선을 지키느라 눈코 뜰 새 없이 바쁘다. 군중 속의 고독이랄까. 대다수 노령의 어른들은 이리저리 어울리다가 돌아갈 곳은 나 홀로 공간에 외톨이로 남을 뿐이다.

나 역시 아무도 마중 나오지 않고, 받아주는 이 없는 외투를 홀로 벗는다. ✻

*사문탈사 寺門脫蓑 : 절 문에서 도롱이를 벗다.

을해팔월 乙亥八月 겸재 謙齋

# 돌비

시월의 햇살을 받으며 돌비 앞에 섰다. 화강암 돌비석이 총탄에 맞아 여기저기가 파이고 귀퉁이가 떨어져 나갔다. 돌비석이 아니라 사람의 육신이 역사 속의 증인처럼 피를 흘리며 버티고 서 있는 듯하여 가슴 한 편이 빼근하게 저려 온다. 풍운의 세월을 견뎌내며 묵묵히 한 자리에 꼿꼿이 선 채 앙금처럼 굳어진 아픈 생채기를 무엇으로 아물어지게 할 수 있을까.

비석 앞에 서면 까닭 없이 숙연해지며 비의 주인공에 대해 생각하게 된다. 인류가 진화하면서 수많은 생명체가 죽어갔다. 종교적인 해석을 뒤로하면, 죽음이란 단어는 한없이 어두운 수렁으로 빠져드는 느낌을 떨쳐버릴 수가 없다. '호랑이는 죽으면 가죽을 남기고 사람은 죽어서 이름을 남긴다.'는 말은 오늘날까지 많은 사람들 사이에 회자되고 있다. 죽어 땅속에 묻힌다는 것이 세상 사람들의 기억 속에서 영원히 잊혀진다는 의미는 아닐 것이다.

경순대왕릉 능역에 들어섰다. 가을의 실팍하고 짙푸른 잔디가 가지런하고 단정하다. 능은 고개를 들어 올려다보이도록 토단을 쌓은 그 위에 모셔져있다. 토단 위로 올라 봉분을 한 바퀴 돌아본다. 백팔연화격에 금계포란형의 계좌정향으로 천하의 명당이라는 종친 어른의 설명이다. 능 앞에 서서 손차양을 하고 시선을 따라 보니, 넓게 펼쳐진 들녘을 지나 저만치 임진강이 에돌아 흐른다. 배산임수의 격까지 갖추었다고 나름 해석하니 자못 흐뭇했다. 능 앞의 돌비석과 장명등, 좌우에 세워진 망주석과 양석이 옛 군왕의 위엄을 말해준다.

대제는 엄숙하면서도 화기에 넘친다. 능 앞에 하얀 천막이 단아하게 드리워지고 제단에는 각종 제물이 정교하게 높이 진설되었다. 전통제례악이 은은하게 울려 퍼져 사람의 마음을 한껏 고취시킨다. 대축관과 헌관 알자 등이 신라 왕조의 제복을 입고 홀을 들고 읍하고 서 있다. 초헌관의 붉은 제복에 수를 놓아 장식한 흉배, 걸음을 뗄 때마다 달랑이며 빛을 발하는 패옥의 모습은 장엄하면서 화려하기까지 하다.

나는 일반 참제원들 속에서 북향하고 '배拜 흥興'의 구령에 맞추어 사배四拜를 올린다. 문득 생전의 아버지를 대신해 이곳에 서 있는 것 같아 눈시울이 뜨거워진다. 오늘 참제원으로 서 있는 딸을 아버지는 대견해하실 것만 같다. 네 번째 절을 할 때는 감정을 추스르느라 한참을 엎드려 있어야만 했다.

어린 시절, 아버지는 조상에 대해 많은 이야기를 들려주셨다. 봄가을이 되면 경주 왕릉 대제에 모시고 간다며 어느 종친의 차가 대문 앞에 당도하곤 했다. 그럴 땐 손님을 맞는 아버지 얼굴엔 화색이 도셨다. 아버지에게 유건과 도포를 싼 보자기를 건네시는 어머니의 얼굴도 평소보다 밝았다.

신라 왕릉으로는 유일하게 최북단에 위치해 있다. 이곳엔 6·25전쟁 당시 공산당의 노동당사가 있었다고 한다. 휴전이 되기 전 한 치의 땅도 양보할 수 없는 치열했던 상호교전을 치르며 돌비는 비목처럼 쌍방의 총탄을 고스란히 몸으로 받아들였다.

1973년 휴전선을 순찰 중이던 국군 장병들이 쓰러져 묻혔던 돌비석을 재발견하게 되었는데, 일부 훼손되긴 하였지만 땅속에 영원히 묻혀버릴 뻔했던 왕릉을 다시 찾게 된 것은 그나마 다행스런 일이 아닐 수 없다.

경순왕은 신라의 마지막 왕이었다. 적에게 선왕이 시해당하고 국력은 날로 쇠퇴해져서 멸망할 위기에 있었다. 왕으로서 그가 진 책임의 무게는 얼마나 컸을까. 그는 후세에 자신에게 돌아올 비난을 감수하여야 했다. 나라를 귀부하는 조건으로, 신라의 찬란했던 문화를 보호 계승하고, 백성들의 목에 칼을 겨누지 말아달라는 부탁을 한 것이다. 왕은 눈물을 머금고 고려태조 왕건에게 나라를 넘겨주었다.

경순왕은 고려에 나라를 귀부하고 40여 년 후 훙거하였다. 신라 유민들은 왕의 시신을 받들고 서라벌로 돌아가기를 원했다. 유민들은 모든 걸 버리고 너도 나도 운구행렬을 따라나섰다. 이에 민란이 일어날 것을 염려한 고려는 왕의 시신을 개경(지금의 개성) 백 리 밖으로 내갈 수 없다며 유민들을 제지하였다. 그래서 신라 왕들 가운데 유일하게 경주지역을 벗어난 왕릉이 되었다고 한다.

고랑포 나루터 뒤편의 남방한계선과 나지막한 구릉의 중앙에 자리한 경순대왕릉은 전쟁의 상흔을 간직한 채 나릉낙조에 금빛으로 물들며 유유히 흐르는 임진강을 굽어보고 있다. 필부가 아닌 왕으로서 신라 천 년 사직의 문을 닫은 그 업이 얼마나 무거웠으면 죽어서도 그 유택이 평탄치 못했던 것인가.

마음을 가다듬고 돌비를 쓰다듬는다. 까칠한 촉감이 손끝으로 전해진다. 마치 내 가슴에 총탄을 맞은 듯 주체할 수 없는 아픔이 다가온다. 돌비에서 '분단된 조국이 옛 통일신라처럼 다시 하나가 될 날이 있을 것이니 묵묵히 지켜보리라'는 나직한 목소리가 들리는 듯하다. 그때가 되면 돌비의 상처에도 씻은 듯 새살이 돋아날 것이다.

삶에 큰 시련의 아픔이 닥쳐올지라도 선조先祖의 돌비가 만고풍상을 견디며 꿋꿋하게 서 있듯, 돌비석의 상처를 상기하며 그 인내를 닮으려 한다. ✳

# 햇살을 먹고 사는 나무

봄 햇살 따스한 날 길을 걷다가 나무 한 그루와 마주한다. 겨우내 미동도 않던 그 투박한 나뭇가지의 단단한 껍질을 뚫고 연하디연한 잎눈들이 움을 틔우고 있다. 혹독한 겨울을 이겨낸 새 생명의 탄생! 이것이 기적이 아니고 달리 무엇을 기적이라 말하랴.

이제 막 움트기 시작한 새싹을 보니 문득 외손녀의 첫돌잔치가 떠오른다. 둘째 딸네 수민이를 위해 온갖 정성으로 치장을 한다. 별빛을 닮은 초롱초롱한 눈동자, 솜털이 보송보송한 수밀도처럼 탐스런 볼, 토실토실하게 살 오른 팔다리를 보며 깨물어주고 싶은 외손녀의 모습에서 지금 막 돋아나는 새싹을 본다.

돌상이 차려졌다. 돌잔치에서 빼놓을 수 없는 재미가 돌잡이인데 잔칫상에 올려놓은 물건들 중 수민이가 무엇을 잡을 것인지 몹시도 궁금했다. 갖가지 떡이며 과일은 물론이고 실, 연필, 푸른 지폐도 올렸다. 그것이 상징하는 수명과 학업성취, 부는 평범한 우리네의 바람이다. 어느 것 하나도 소홀히 할 수 없는 존재들이다. 선조들의 지혜는 참으로 오묘하다. 작은 풍속에서도 넉넉하고 긍정적이며 해학이 깃들어 있음이다. 실을 잡으면 장수하고 연필을 잡으면 학자가 될 것이고, 돈을 잡으면 부자로 살 것이니 그중에 한 가지만 이뤄도 성공한 삶이 아닐까 싶다.

첫돌을 맞은 아기를 잘 차려진 돌상 앞에 앉혔다. 이런 광경이 낯설었는지 몹시 어리둥절해 하며 우는 아이를 겨우 어르고 달랬다. 온 가족의 시선은 손으로 쏠렸다. 그 순간 기적 같은 일이 일어났다. 수민이가 돌상을 짚고 비틀거리며 일어서더니, 연필 하나를 손에 거머쥐고는 뒤뚱뒤뚱 몇 발짝을 걸어가 황급히 제 어미의 품에 안기는 것이 아닌가.

그동안 이리저리 세워도 보고 알록달록한 장난감을 보여주며 첫 발자국 떼기를 유도했지만 번번이 엉덩방아를 찧고 말았다. 하루하루를 기다렸는데 드디어 첫돌 잔칫날 첫 걸음마를 뗀 것이다. 생각지도 않았던 일에 놀란 우리는 눈을 크게 뜨고 서로를 쳐다보다가 박수를 치며 칭찬의 말을 아끼지 않았다. 더욱이 수민이는 돌떡을 돌려 이웃의 사랑을 듬뿍 받기도 했다.

그날 돌상 앞에서 한참을 웃다 보니, 먼 옛날 나의 모습이 비켜 지나갔다. 어머니께 수없이 들었던 삽화 같은 이야기 한 조각. 어린 시절 우리 집은 청주시 석교동에서 셋방살이를 했다. 나 역시 수민이처럼 둘째 딸이었다. 첫돌 잔칫상에서 무엇을 잡았다는 말은 없고, 한 마당에 세 들어 사는 사람들 집에 돌떡을 돌렸다고 한다. 어머니는 그때의 이야기를 하실 때마다 얼굴에 홍조를 띠시곤 했다.

첫돌 잔칫상 앞에서 생의 첫발을 내디딘 수민이는 아무 탈 없이 무럭무럭 자랐다. 자라면서 많은 얘깃거리를 제공했는데 그중 하나는 네 살 때 일이다. 분당교육청 주최로 열린 영어 연극대회 때였다. 세 살 위인 수진언니와 함께 무대에 섰다. 공연을 마치고 사회자가 수민에게 마이크를 대고 "몇 살이에요?"하고 묻자 거침없이 "I am four."하고 똑똑하게 대답했다. 그때 관중들이 일시에 폭소를 터뜨렸다는 얘기는 두고두고 잊지 못할 추억으로 남아있다.

초등학교 5학년 때다. 전교 4, 5, 6학년 학생들의 사물놀이패에서 갸름한 얼굴의 작은 체구인 수민이가 상쇠가 되었다. 한바탕 신나게 어우러지는 공연을 보는 관중들까지 어깨를 들썩이게 했던 다부진 모습은 보는 이들의 감탄을 자아내기도 했다.

첫이란 말은 누구에게나 큰 의미를 부여한다. '처음만 같아라' 는 말은 많은 경우에 회자된다. 첫눈, 첫사랑, 첫인상, 첫출근 등 '첫' 으로 시작되는 말을 되뇌기만 해도 왠지 마음이 설렌다.

살아오면서 아이들의 대학 시험 발표가 있을 때마다 내심 간이 쪼그라들곤 했다. 막내를 끝으로 짐을 벗었다 싶었는데, 잠깐의 숨을 돌리고 나니 손자 손녀들의 시험이 시작되었다. 삶의 고뇌가 끝없이 이어지는 것, 그것이 인생행로의 조건인가 싶다. 그중에 무엇보다 대학시험은 큰 비중을 차지한다. 행복이 성적순이 아니라지만, 경쟁이 치열한 사회에선 무엇보다 학벌을 중요하게 생각하고 삶의 지표가 되기도 하니 무시해 버릴 수만은 없는 것이다.

오늘은 일찍부터 일이 손에 잡히지 않았다. 첫돌 날 돌떡을 돌렸던 외손녀의 대학 시험 발표 날이기 때문이다. 손자 손녀들의 시험 발표가 내 자식 때보다 더욱 마음이 쓰인다. 어떤 결과를 기다리는 일만큼 가슴 조이는 일이 있을까. 손녀를 위한 마음도 그러하지만 고생하는 딸을 생각하는 마음까지 곁들여졌다는 것을 부인할 수 없다. 가끔 가냘픈 어깨에 등짐 같은 책가방을 메고 나가는 모습을 보았을 때 저 무거운 등짐을 내가 대신 질 수는 없을까 하는 생각에 안타깝기 그지없었다.

수민이는 첫돌 때 주었던 감동의 웃음을 가족들에게 한 번 더 선물했다. 원하는 대학에 합격했다는 통보가 날아들었다. 그저 고맙다는 말밖에는 다른 축하의 말이 떠오르질 않았다. 첫 돌상 앞에서 보여주었던 씩씩한 걸음처럼 당당하게 자신의 앞에 펼쳐진 길을 걸어갈 것이다. 생은 흘러가는 것이 아니라 채워지는 것이라고 생각한다. 우리 수민이도 그저 반복되는 하루하루를 무의미하게 보내는 것이 아니라 자신이 가진 소중한 것들로 조금씩 채워가는 삶을 살아갔으면 한다. 땅속 깊이 뿌리를 내리고 따스한 봄 햇살을 받아 하늘로 가지를 뻗는 나무처럼 가슴에 품은 뜻과 열정을 맘껏 펼치는 외손녀의 모습을 그려본다.

햇살이 따사롭다. 이런 날은 봄볕과 눈이 맞아 먼 산사를 찾아가고 싶다. 처마 끝에 매달린 풍경을 바람이 없어도 마음으로 뎅그렁뎅그렁 울려보고 싶다. ✻

# 이야기 혜능慧能

혜능을 알게 된 것은 불교대학에서 강의를 들으면서부터다. 열악한 환경에서도 도道를 구하고자 하는 열정으로, 세상의 인연을 떨치고 일어선 의지에 대해 깊은 감화를 받았다. 그 후 그의 삶에 대해 많은 관심을 갖게 되었고, 나를 찾는 마음공부에 도움이 되고 있다. 그의 이야기는 1300년 전으로 거슬러 올라간다.

중국 당대 한 절집 작은 방에선 승려들의 논쟁이 한창이었다. 바람에 날리는 깃발을 보고 '움직이는 것이 바람이냐 깃발이냐' 는 토론이었다. 깃발이 움직인다와 바람이 움직인다는 의견이 팽팽하게 대립되어 말씨름은 끝날 기미를 보이지 않았다. 그때 묵묵히 앉아있던 한 스님이 슬며시 끼어들며 "움직이는 본체는 바로 당신들의 마음이요"라고 말함으로써 논란은 평정되었다. 눈에 보이는 형상에 집착하는 것은 덧없으며 모든 것은 마음에서 비롯된다고 일깨워준 것이다. 이 풍번문답風幡問答의 일화를 남긴 사람이 바로 혜능대사이다.

중국 영남 신주지방에 한 나무꾼이 있었다. 그의 부친 노盧 씨는 한직에서 좌천되어 변방으로 옮겨와 살게 되었다. 그때 태어난 혜능은 세 살 때 부친을 여의었다. 소년이 된 혜능은 땔나무를 팔아 노모를 봉양했다.

소년 나무꾼이 하루는 나무를 지고 가다가 한 스님의 경전 외는 소리를 들었다. 처음 듣는 소리에 마음에 무언가 느끼는 바가 있었다. 소년은 스님에게 다가가 그 경전이 무엇이냐고 물었다. 그는 『금강경』이라고 일러주면서, 동빙무산에서 5조五祖 홍인대사의 가르침을 받고 있으며, 또 출가자를 구분하지 않고 『금강경』 한 권을 지녀 수행하면 자성을 보아 부처를 이루게 된다고 하였다. 나무꾼 혜능은 나무를 팔아 양식을 준비해놓고 동빙무산을 찾아 길을 나섰다. 효심이 남달랐던 그가 노모와 하직하고 길을 떠날 만큼 절박했던 것이 무엇이었을까. 범인으로서는 짐작조차 못할 처사라 하겠다.

혜능은 황매현 동빙무산에서 홍인대사를 뵈었다. 대사는 "너는 어느 곳에서 왔으며 나에게서 얻고자 하는 것이 무엇이냐"고 물었다. 혜능이 "남쪽 사람이며 법을 구하고자 한다"고 하였다. 대사는 "남쪽이면 오랑캐인데 어찌 부처가 되겠느냐"며 꾸짖었다. 혜능이 "사람에게는 남과 북이 있겠으나 부처의 법에도 남과 북이 있습니까?" 하였다. 대사는 혜능의 대답이 예사롭지 않았으나 주위를 둘러보며 "저 자를 뒤껼 방앗간에 보내 방아나 찧게 하라"고 내쳤다.

혜능은 행자가 되어 디딜방앗간에서 돌을 등에 지고 여덟 달을 소리 없이 방아를 찧었다. 매일 쌀 열두 섬씩을 찧어 스승과 대중에게 공양하였다. 자신도 모르는 크나큰 공덕을 쌓은 것이다. 하루는 한 동자승이 게송을 외우며 방앗간 옆을 지나갔다. 동자승으로부터 5조 홍인대사께서 대중에게 각기 깨달음의 게송을 지어내게 하였다는 소식을 듣게 된다. 동자는 그 게송으로 5조의 뒤를 이을 6조六祖를 정한다는 말도 덧붙인다.

혜능은 동자를 따라 그가 외고 있는 게송이 붙어있는 곳으로 갔다. 벽에는 신수상좌의 게송이 붙어있었다. 혜능이 말하기를 나는 글을 알지 못하니 읽어 줄 것을 청했다. 대중 속에서 강주별가인 장일용이란 자가 나서서 게송을 읊었다.

신시보리수 身是普提樹 몸은 보리의 나무요
심여명경대 心如明鏡臺 마음은 밝은 거울이라

시시근불식 時時勤拂拭 때때로 털고 닦아
물사야진애 勿使惹塵埃 먼지가 끼지 않게 하라

신수상좌의 게송을 듣고 혜능은 나에게도 시가 있으니 받아써주기를 청했다. 장일용이 비아냥거리는 말투로, 만일 그대가 큰스님의 인가를 받으면 제일 먼저 나를 구제하라는 조건을 제시하며 벽에다 받아썼다.

보리본무수 菩提本無樹 몸은 보리수가 아니요
명경역비대 明鏡亦非臺 마음거울도 경대가 아니다

본래무일물 本來無一物 본래 한 물건도 없거늘
하처야진애 何處惹塵埃 어디에 먼지가 끼랴.

혜능의 게송은 신수상좌와 대치되는 게송이었다. 신수상좌가 제일이라고 생각하는 대중들이 의아해하며 술렁거렸다. 그때 홍인대사가 나와 보고는 짚신을 벗어 혜능의 시를 쓱쓱 문질러 지워 버리고 방으로 들어갔다. 그러면 그렇지 하고 대중은 흩어졌다.

5조 홍인대사는 혜능행자의 공부가 최고의 경지에 이른

것을 알고 사람의 눈을 피해 방앗간으로 갔다. 대사께서 "쌀은 다 찧었느냐"고 묻자, 혜능이 "방아는 다 찧었는데 택미擇米를 못했다"고 대답했다. 대사는 지팡이로 방앗공이를 탕탕탕 세 번 치고는 뒷짐을 지고 돌아갔다. 이는 공부가 다 되었느냐는 물음에, 공부는 다 되었으나 키질을 하여 쌀알을 고르는 인가를 받지 못했다는 대답이었으며, 또한 삼경에 뒷문으로 오라는 암시였다. 이미 공부가 무르익은 혜능은 대사와의 짧은 대화에서 마음으로 그 뜻을 헤아릴 수 있었다.

그날 밤 삼경에 혜능이 홍인대사의 방 뒷문을 열었다. 대사는 불빛이 새어 나가는 것을 막기 위해 가사를 둘러치고 『금강경』을 설하였다. 이로써 혜능은 달마대사가 인도에서 중국에 건너와 선禪불교의 초조가 된 뒤, 2조 혜가, 3조 승찬, 4조 도신, 5조 홍인대사에 이어 6조로서 법을 이어받았다. 그 신표로 전수받은 가사와 바루는 석가모니로부터 2조인 마하가섭에게서 28조 달마대사까지 전해진 것이다. 그날 밤 홍인대사는 혜능을 조각배에 태우고 손수 노를 저어 강을 건네주면서 남쪽으로 가서 법을 펴라고 하였다. 노은사老恩師 홍인이 젊은 제자를 위하여 손수 노를 잡은 것은 제자를 귀히 여기는 스승의 참 마음이라 하겠다. 요즘처럼 혼탁한

교육문화에서 스승이나 제자가 본받아야 할 덕목이다.

대중들은 남쪽에서 온 일개 행자가 법을 전수받았음을 뒤늦게 알고 못마땅하여 추격해왔다. 혜능은 가사와 바루를 싼 보따리를 바위에 올려놓았다. 그러자 수십 명이 달려들어 가져가려 하였으나 바위에 붙어 꼼짝을 하지 않았다. 그들은 혜능의 법력을 인정하고 물러갔다.

그 후 혜능은 양자강 남쪽에서 신분을 숨긴 채 15년을 야인으로 살았다. 혜능은 40여 세가 되어서야 당대 고승인 인종스님과 담론하였다. 고승은 감탄하여 5조 홍인대사의 뒤를 이은 6조사六祖師임을 알아보았다. 인종스님은 혜능행자의 머리를 삭발해 스님이 되게 하고 스스로 제자가 되었다. 혜능대사가 광동성 대감사에서 첫 설법을 하였을 때 대중이 일만여 명이 모였다고 한다.

혜능은 스님이 되어 30여 년 동안 법을 펴다가 75세에 고향으로 돌아와 나라와 부모의 은혜에 보답하고자 보은탑을 쌓고 76세에 열반에 들었다. 혜능대사가 앉은 채로 열반하자 숯으로 시신을 감싸고 자연동굴에 3년여 동안 보관했다가 개봉하니 상하지 않은 온전한 상태였다고 한다. 법체는 옻칠을 하여 광동성 남화선사 법당에 지장보살 관음보살과 나란히 모셔져 있다고 한다.

우리나라는 신라 선덕여왕 때 도의국사가 혜능의 제자로부터 전법되어 선종의 뿌리가 되었다.

혜능의 풍번문답을 생각해 본다. 현대를 살아가는 소용돌이 속에서 어찌 귓가에 스치고 눈 속에 비춰지는 형상만으로 사물이나 인간관계를 판단할 수 있을까. 말과 행위, 그 이면의 세계를 읽을 줄 알아야 관계가 돈독해진다. 말없음 가운데 대화가 되고, 눈빛만 보고도 그의 심중을 알아차린다. 선禪의 가르침이 특정 종교의 수행법을 뛰어넘어 대중 속에서 인격도야에 한 몫을 하고 있다. 함께하는 이들의 표정을 읽고 먼저 배려한다면 그곳이 천국이요 극락이 아닐까.

갈수록 혼탁해지는 사회에서 종종 목격하고 느끼는 바가 있다. 직위가 높아질수록 교만하여 우쭐대고 때에 따라서는 권력남용으로 개인이나 사회, 나아가서는 국가에까지 폐해를 끼침을 본다. 노블레스 오블리제 정신이 절실하게 요구된다. 낮은 자세로 사회에 봉사하며 오래 참고 견디는 자기수양을 게을리 하지 않는다면 사회는 더욱 살기 좋은 세상이 될 것이다.

요즘처럼 복잡하고 어수선한 때에 이러한 멘토가 있었으면 하는 아쉬운 마음이 든다. ✻

※ 참고 : 불교문헌

# 도시 속 유배

큰딸에게서 호텔숙박권을 받았다. 사위가 챙겨준 선물이라고 한다. 집에서 가까운 바닷가의 전망 좋은 방이라는 말에 귀가 솔깃해진다. 꼭 가지 않아도 되지만 티켓을 날리기가 아까웠다. 무엇보다 잘 꾸며놓은 호텔의 아늑함과 쾌적함에 대한 기대가 커서 무리한 출행을 하기로 마음을 먹었다.

집에서 삼십 분이면 도착할 곳을 외국여행이라도 가는 것처럼 짐을 꾸렸다. 꽃무늬 원피스와 레이스 달린 블라우스도 넣고 화려한 장신구들도 챙겼다. 캐리어를 끌고 대문을 나서니 먼 나라 여행에 나섰을 때처럼 마음이 설렌다. 오늘따라 하늘은 구름 한 점 없이 푸르다. 동행하는 딸도 산뜻한 외출복 차림으로 한껏 멋을 냈다.

그 즈음 나는 감기가 완전히 낫지 않은 상태였다. 언제부턴가 일월 이월이 되면 찾아드는 정례定例방문객이다. 그 손님을 들이지 않으려고 각별히 조심하지만 아차 하는 순간에 걸려든다. 길게는 한 달씩이나 손님과 동거하며 비위를 맞춰주고 대접을 잘해야 겨우 떠나간다. 손님도 예의가 있는지 처음엔 약한 신호를 보내는데, 한기가 들고 재채기 콧물이 감기의 시작임을 알린다. 살살 달래보았는데 이번엔 아예 깊숙이 자리를 펴고 누워버린 것이다. 큰딸에게는 감기가 다 나아서 아무 문제없다고 큰소리를 쳤다.

붉은 카펫이 깔린 복도를 지나 배정된 방 앞에 멈춰 선다. 카드 키를 살짝 밀어 넣으니 미세한 기계음이 들리고 손잡이가 철거덕 돌아간다. 문이 열리자 밝은 방이 한눈에 들어온다. 가지런히 필기구가 정돈된 콘솔, 티 테이블이 나란히 배치되어 있고 두 개의 싱글침대 위에 덮인 보드랍고 깨끗해 보이는 흰색 이불이 마음을 푸근하게 한다. 북유럽 핀란드에라도 와있는 듯 잡다한 생각은 어느 결에 달아나버렸다. 한낮인데도 은은한 조명을 켜고 분위기를 잡는다. 딸과 마주앉아 마리아쥬홍차를 음미한다. 흐뭇한 표정을 지으며 말없이 서로를 바라본다.

창밖을 보니 멀리 달맞이 언덕까지 해운대 해변이 한눈

에 펼쳐져 있다. 아직은 쌀쌀함이 가시지 않은 날씨인데도 많은 사람들이 나와있다. 에메랄드빛 바다는 한낮의 찬란한 햇빛으로 한층 더 반짝이고, 갈매기들의 날갯짓이 자유롭다. 나도 모래밭을 거닐고 싶다는 생각에 마음이 들뜬다.

밖으로 나갈 채비를 하고 방문을 나섰다. 그런데 호텔 문을 열자마자 달겨드는 해풍에 오싹 한기가 느껴졌다. 얼른 방으로 들어오고 말았다. 출발할 때는 딸과 이런저런 계획을 세우며 알찬 1박 2일을 보낼 것이라고 기대를 했었는데, 단초부터 어긋났다. 감기가 도지면 어쩌나 하는 생각에 두문불출하기로 마음을 다잡았다. 식은땀까지 흐르는 것이 예감이 좋지 않다. 호텔에 도착하자마자 사우나에 다녀온 것이 마음에 걸린다. 내 속마음을 모르는 딸은 마스크를 하고 든든히 옷을 입고 나가자고 졸라댄다. 혼자서 바닷가 산책을 다녀오라 해도 마음이 내키지 않는 모양이다. 나는 내 몸 생각해서 스스로 작정한 행보이지만, 딸은 이유 없이 호텔방에 갇혀있어야 하니 창살 없는 감옥이라도 된 것은 아닌지.

화려한 도시 속에 유배를 당한 것 같다. 큰 기대를 품고 가방을 쌌던 때와는 사뭇 다른 기분이다. 그러다 보니 유배지에서 오랜 세월을 보낸 옛 선조들이 떠오른다. 다산 정약

용과 추사 김정희다. 두 선비는 각각 17년과 9년이라는 세월을 유배지에서 보내야 했다. 어떤 죄목으로 왔든, 서울에서 먼 곳으로 추방당한 선비들의 입장은 그렇다손치더라도 그들을 따라 물설고 낯선 곳에 와서 함께 유배생활을 해야 했던 종복들은 무슨 죄인가. 죄가 있다면 주인 잘 못 만난 죄라고나 할까.

한창 기분 내고 즐거워야 할 딸은 기분이 엉망이 된 것 같다. 누워만 있는 엄마 걱정에 밖에 나갔다가는 금방 들어오는 기척이 난다. 다람쥐 제 굴 드나들 듯 안절부절못한다. 딸은 창밖을 보다가, 책을 펴 들었다가, 벌렁 침대에 드러눕는다. 보다 못해 밖으로 나가 동백섬이라도 돌고 오라고 하였으나 내 곁을 떠나질 않는다. 우리는 어쩔 수 없이 같은 배를 탄 유배자였다.

긴 세월을 유배지에서 보낸 다산과 추사는 그 많은 시간들을 수도승처럼 사색하고 고뇌했을 것이다. 처음엔 자신의 신세를 한스러워하며 고통스럽게 몇날 며칠을 보냈을 것이다. 하지만 지혜롭고 현명한 그들은 곧 몸과 마음을 다잡고 기어코는 버림으로서 얻어낸 자신의 해탈을 깨달았으리라. 지식이란 책 속이나 서고 위에  있는 것이 아니라 정리된 경험과 실천 속에 존재하는 것임을 뼈저리게 느꼈으리라. 어쩌면 그들이 후대까지 전해지는 저서를 집필하고, 또 어느 누구도 감히 흉내내지 못할 독창적인 서체를 만들어낸 것도 혼자만의 고독한 시간들이 있었기에 가능하지 않았을까. 한양의 높은 벼슬자리에 앉아 당리당략만을 생각하고 있었다면, 오늘날 그들의 이름이 우리에게 이처럼 선명하게 각인될 수 있었을까.

나도 유배자가 되어본다. 하지만 글 한 줄 써지지 않고, 책을 들여다봐도 눈에 들어오지 않는다. 선인들의 유배의 경지를 만분지일이라도 본받기는커녕 흉내조차 낼 수 없었다.

가끔은 스스로 나를 얽어매는 굴레를 만들기도 한다. 그리고 자청하여 그 속에 갇힌다. 아직 일어나지도 않은 일들에 대한 고민을 하느라 시간을 허비하기도 한다.

1박 2일의 도시 속 유배가 잠자던 나를 일깨워준다. 눈앞의 감정에만 충실하여 타인의 입장에는 관심조차 두지 않았던 일은 없었는지, 나의 과욕으로 남에게 크나큰 피해를 주지는 않았는지. 이 나이에도 잘난 척하며, 남들 앞에 나서는데 용감하고, 무모한 자신감으로 분에 넘치는 행동을 한 내게 정신이 번쩍 들도록 일침을 놓는다.

그릇은 그 속이 비어야 비로소 쓰임새가 있다. 마음속에 새로운 것을 담으려면 자리를 비워두어야 자신을 키워나갈 수 있음을, 바다가 보이는 전망 좋은 호텔방 안에서 깨닫는다. 지금보다 더 폭넓고 깊이 있는 삶의 진리를 터득하려면 아마도 나는 엄청나게 비싼 수업료를 지불해야 할 것 같다. 유배지 아닌 유배지에서 나를 돌아보려 했지만 제대로 삶을 관조觀照하지 못한 부끄러움이 한 페이지로 남는다. ✻

# 5부

작별할 사이도 없었던 아들과 엄마,
파리한 입술이 남기고 싶었던 말은 무엇이었을까.
잊어서는 안 될 이름, 긴 터널을 지나 다시 올 것만 같아,
귀를 기울이는 나를 본다.

# 한여름 밤의 꿈

손바닥에 희디희게 묻어난다. 부드러우면서도 무게가 느껴지는 뼛가루는 아직도 따뜻한 온기가 남아있다. 모아 쥔 주먹을 차마 펼 수가 없다. 마음을 다잡고 허공을 향하여 뼛가루를 뿌린다. 바람에 날려 눈물과 땀으로 범벅이 된 내 얼굴에 날아온다. 아들의 마지막 손길이 스치는 것인가. 아들을 부르는 소리가 가시처럼 목구멍에 걸린다. 고달픈 이승의 옷을 벗었으니 훨훨 날아가려무나. 찬바람도 불지 않고 맘껏 달려도 숨차지 않은 곳, 꽃과 같이 노닐 수 있는 따스한 도솔천, 그곳에 오르기를 염원하는 기도가 가슴을 메운다.

결혼 후 딸 다섯을 낳았다. 그 후, 기다리고 기다리던 아들을 얻었다. 아들을 낳은 뿌듯함과 대를 이을 손을 낳아 책임을 완수하였다는 안도감에 하루하루가 마냥 행복했다.

아이가 갓 돌이 지났을 무렵 소아과를 찾았다. 가벼운 감기인 줄 알았는데 뜻밖에도 입원을 하라는 것이다. X레이를 한참 들여다본 의사는 선천성심장판막증이라고 한다. 처음 듣는 병명에 어리둥절했다. 딸만 다섯인 집안 사정을 잘 아는 의사 선생님은 애써 담담한 표정을 지으며 일곱 살을 넘기기 힘들 것이라는 말도 덧붙인다. 청천 하늘에 벼락이 친들 이보다 더할까.

한 달여 동안 입원하며 여러 차례 어려운 고비를 넘겼다. 이를 시작으로 병원에 입원하는 일이 잦아졌다. 감기는 심장병 환자의 단골손님이며 천적이다. 아이를 집에 두고 잠시 외출을 하였다가도 하늘에 먹구름이 끼거나 바람만 세게 불어도 서둘러 집으로 와야 했다. 세 살을 넘기면서부터는 서울의 큰 병원에도 내왕하며 더욱 아이에게 매달려야 하는 생활이 계속되었다.

감기에 걸리면 아이는 축 늘어지고 호흡이 가팔랐다. 이럴 땐 마음이 급하고 불안하여 내 심장은 콩콩 뛰었다. 아이를 안고 서둘러 병원으로 가는 동안 집에 남은 가족이 병원에 연락을 취한다. 도착하자마자 입구에 서 있던 간호사가 아이를 낚아채듯 받아서 산소 방으로 달려간다. 이렇듯 병원의 살뜰한 배려로 아이는 몇 번의 위험한 고비를 넘겼다. 아이의 고통이 어미의 부덕인 것 같은 자책감에 참회의 기도로써 명을 빌고 또 빌었다.

아들이 여섯 살 되던 해에 5계를 받았다. 해남 두륜산 토굴의 지웅선사를 스승으로 유발상좌가 되었다. 계명은 천용天龍이다. 일곱 살을 넘기기 힘들다는 진단이 마음에 걸려, 불심이 모자라는 어미보다 스님께서 기도해주시면 좋을 것 같은 욕심이었다. 정진에 방해가 된다면서 제자도 정하지 않으시는 노스님이 무슨 인연으로 천용을 속가 상좌로 받아주셨을까. 스님은 때때로, 천용이 건강을 지키도록 '소식하라, 간식 하지 말라'는 편지를 보내주셨다. 그리고 일 년에 한 번 천용을 보기 위해 산을 내려오셨다. 어린 상좌 천용이 스님께 방석을 내드리고 드실 물을 떠드리는 시봉을 한다. 나는 귀한 스님 오셨다고 친구 불자들을 방안 가득 초청했다. 스님은 천용을 무릎에 앉히고 재가 불자들의 신행생활에 대한 법문을 하셨다.

천용은 5계를 받고 한 번도 계를 파하지 않았다. 어쩌다 방바닥에 개미가 기어가면 책받침에 올려 살려주곤 하였다.

천용이 갓 중학교에 들어갔을 때였다. 집에서 가까운 곳에 소화영아재활원이 있었다. 그곳은 스스로 먹지도 걷지도 못하는 선천성 불구로, 태어나자마자 버려지거나 집에서 돌보기 힘든 중증 뇌성마비 아이들을 돌봐주는 곳이다. 그곳에서 봉사하는 고향 동창 박 헬레나 수녀님을 찾아가 작으나마 도움을 주곤 하였는데, 천용이도 한 번 같이 가본 적이 있다.

천용이 제 동생과 동네 친구 7, 8명을 모아 '용맹한 호돌이' 라는 모임을 만들었다는 것을 후일에야 알았다. 우리나라에서 88올림픽이 개최되기 전, 올림픽 마스코트로 호돌이가 결정되어 온 나라가 호돌이 붐이 일어났을 때였다. 천용이 만든 용맹한 호돌이 노트엔 친구들의 이름이 별명으로 적혀있다. '키 큰 호돌이, 귀여운 호돌이, 까불 호돌이, 꾸러기 호돌이, 토실토실 호돌이, 임호당 호돌이, 점박이 호돌이'. 자신은 '해골 호돌이' 라고 했다. 아마도 자신의 마른 몸의 상징인 것 같다. 이름과 주소, 전화번호와 주민등록번호까지 씌어있다.

그리고 '회비가 많이 모이면 불쌍한 이웃을 찾아가기로 함' 이라는 목적을 써놓기도 했다. 회원들이 모은 작은 용돈으로 크리스마스를 기해 소화영아재활원에 생필품을 전달했다는 기록이 있다. 어느 회원 이름에 빨간 표시를 하고 '퇴장' 이라고 쓴 것을 보며 잠깐 입가에 미소를 머금었다. 나름의 엄한 규칙을 정했던 것 같다. 1년여 기간 동안의 기록이 담긴, 호돌이 대장 천용, '해골 호돌이' 가 남긴 어설픈 그림

일기장은 지금에야 차분한 마음으로 꺼내볼 수가 있다.

천용이 열두어 살 때쯤 지리산 쌍계사로 참배 여행을 갔다. 시원한 강바람을 타고 섬진강변을 달렸다. 강물이 반짝거리며 차창 밖으로 따라오고 있다. 명랑하게 창밖 풍경을 보고 있던 천용은 문득, '내가 죽으면 스님처럼 화장해주면 좋겠다' 고 한다. '강물에 뿌리면 추워서 감기에 걸릴 것 같으니 경치 좋은 산에 뿌려 달라' 고 지나가는 바람처럼 말한다. 뜻밖의 말에 말문이 막히면서 얼른 말을 돌렸다. '엄마가 먼저 죽을 텐데 무슨 말이냐' 고 분위기를 환기시켰으나, 이미 자신이 오래 살지 못할 것이라고 생각하는 것인지 창밖의 경치만 볼 뿐 별다른 말이 없다. 속울음으로 명치가 아파왔다. 아이가 자기의 죽음을 담담하게 이야기할 수 있다니. 고통스러운 육신을 벗고 새 옷으로 갈아입고 싶은 열망인가. 천용이 나보다 먼저 죽는다는 생각은 감히 할 수 없었다.

88올림픽 개막을 한 달 앞둔 열네 살이 되던 해 또다시 병원에 입원을 했다. 천용이 올림픽 장면을 녹화할 비디오 공테이프를 거실에 쌓아놓은 상태였다. 항상 그랬듯이 입원하여 한 일주일간 치료받으면 퇴원할 것으로 믿었다. 그러나 병세가 점점 악화되면서 심한 통증을 호소했다. 평소 참을성이 많아 웬만큼 아플 땐 내색조차 않던 천용의 눈빛에 괴로움이 가득하다. 산소 호흡과 진통제로 고통을 달래줄 수밖에 없는 현실이 안타까웠다. 심장에 물이 차고 소변도 힘들었다. 수돗물을 틀어 흐르는 물을 보고 소변을 보도록 유도하기도 했지만 이번엔 통하지 않는다.

만약 천용이 나보다 먼저 이 세상을 떠난다면 숨이 끊어지는 얼굴을 가슴에 담고는 살아가기 힘들 것만 같았다. 이것이 나의 속마음으로 생각한 바람이었다면 신께선 왜 하필 그것만을 들어주셨을까. 천용이 나를 제외한 가족들이 병실을 지키는 가운데 평소처럼 낮잠이 들었다. 이 잠이 깨어날 수 없는 영면이 될 줄이야.

'자식은 가슴에 묻는다'고 한다. 지금껏 아이를 내 가슴 한 편에 묻어두고 있었던 것인가. 왠지 그 아이 이름만 꺼내도 눈물이 강을 이룰 것 같아 애써 기억을 외면했다. 아들을 보내고 오랜 세월이 지나고서야 의연히 그의 이름을 부른다. 천용이. 하지만 아직도 목이 메어옴은 어인 까닭인가.

언젠가 여행길을 함께했던 섬진강 둑, 마음속에 그려 넣었던 풍경, 천용이 손가락으로 가리키던 그 곳. 하동군 금남면 어느 수려한 산자락에 8월 한여름 밤의 짧았던 꿈이 서려있다. 그곳에 발길이 닿으면 나는 또 다른 깊은 꿈속으로 빠져든다.

# 천용의 눈물

## 1. 발원

팔월의 열기가 뜨겁게 달아오른다. 1988년 8월 12일, 천용은 고달픈 이승을 홀연히 떠나갔다. 영락공원 소각장 창으로 활활 타오르는 불길을 본다. 세상의 어느 불꽃이 저보다 더 잔인할 수 있는가. 이 순간 신에게 무엇을 빌 수 있는가. 가슴을 내리치는 통증을 참아내며 무너져 내리는 몸을 가까스로 곧추세운다.

아직 열기가 남아있는 뼛조각을 집는다. 육신을 뉘었던 자리엔 몇 줌의 희뿌연 재가 조각구름처럼 모여 앉아있다. 여윈 체구였지만 꼿꼿했던 자존감과 정의로움, 섬세한 감수성은 보석만큼이나 눈부신 우윳빛 뼛조각으로 남아있다. 그 뼛조각 속에 천용이 아무도 모르게 수없이 흘린 눈물이 스며있는 것 같다. 자식은 부모를 땅에 묻지만, 부모는 자식을 가슴에 묻는다고 했던가. 애간장이 끊어지는 고통에 눈앞이 캄캄해지며 일순간 내 귀엔 그 어떤 소리도 들리지 않았다.

결혼하여 내리 딸 다섯을 낳았다. 남아선호사상이 팽배하던 시절이므로 딸을 낳을 때마다 집안의 실망이 피부로 느껴졌다. 그럴 적마다 꼭 아들을 낳겠다는 일념으로 산사에 올라 기도를 하고, 의료진의 도움으로 산성체질개선 노력을 게을리 하지 않았다.

세 번째 7일기도에 들어갔다. 소백산 구인사는 연화봉으로 둘러싸인 깊고 깊은 산중이다. 산그늘이 짙어진 늦은 시각에 충청도에서 친정어머니가 오셨다. 비가 내려 어머니의 치마가 후줄근하게 처져 있었다. 출가 후 줄줄이 딸 다섯을 낳아 애가 쓰이던 중에, 딸이 기도에 들어간다는 소식을 받고 한걸음에 달려오셨다고 한다. 힘을 실어주려는 어머니의 애틋한 마음에 눈시울이 붉어졌다. 어머니는 고단한 내색도 없이 딸과 함께 법당에 들었다. 아들을 낳지 못한 여인의 한으로 법당마루가 눈물과 땀으로 얼룩진다.

사흘 후, 어머니가 하산하신 날부터 본격적인 장마가 시작되었다. 세찬 바람이 불고 빗줄기가 점점 굵어지더니 칠

일 기도가 끝나기 전날 밤엔 억수 같은 비가 쏟아져 내렸다. 스님들은 급히 물길을 트며 행여나 하는 걱정에 뜬눈으로 밤을 지새웠다. 아침이 되자, 마법사가 다녀간 듯 태풍은 자취도 없이 사라지고 말간 해가 떠오른다. 나뭇잎이 반짝이고 젖은 깃털을 터는 새들의 지저귐이 요란하다.

보리밥 한 덩이를 호박잎에 싸들고 길을 나섰다. 대여섯 명의 일행이 있어 의지가 되었다. 산을 내려와 강가에 이르렀다. 배는 보이지 않고, 불어난 강물이 흙탕물로 요동친다. 언덕바지에 주저앉아 망연자실했다. 한 식경이 지나서야 노를 저으며 뱃사공이 나타났다. 물살을 헤치며 강을 건너는 동안 우리는 배 안에서 숨을 죽이며 미동도 할 수 없었다.

가까스로 강을 건넜다. 세찬 물줄기가 강변로의 흙을 모두 쓸어버려 굵직굵직한 바윗덩이들만 나뒹굴고 있었다. 자연의 위력 앞에 인간은 한없이 나약한 존재라는 사실을 확인했다. 발붙일 곳이 없어 엉금엉금 기었다. 버스가 끊긴 단양고개를 걸어서 넘어야 했다. 발바닥이 닳도록 걷고 또 걸었다. 봇짐을 등에 지고 싶었지만 새끼줄 하나 구할 수 없었다. 일행의 침묵이 무얼 의미하는지. 나를 잊어버리고 기도하는 마음만으로 버텼다. 시간 속에서 허우적거리는 사람을 시간이 옮겨주었는가. 해거름이 되어서야 단양역에서 부산행 열차를 탈 수 있었다. 차창에 비친 내 얼굴은 봉두난발의 낯선 몰골이었다.

## 2. 인연

기도의 효험이 있었는지, 결혼 후 10여 년 만에 오매불망하던 아들을 얻었다. 나의 소원이 이루어져 모든 근심 걱정이 날아가는 기분이었다.

딸들보다 아기는 왜소하였지만 무탈하게 잘 자라주었다. 그런 어느 날 새벽 아기의 기침 소리를 들었다. 감기는 초기에 치료해야 된다는 생각에 소아과 병원을 찾았다. 가슴 사진을 살펴본 의사 선생님은 말을 꺼내기 힘든 표정이다. 의사 선생님은 이웃에 살면서 딸만 다섯인 우리 집 형편을 잘 아는 분이다. 그는 가까스로 말문을 연다. 아기가 선천성심장판막증이라며 일곱 살을 넘기기가 힘들 거라고 한다. 사형선고 같은 진단을 내린다. 청천 하늘에 벼락이 친들 이보다 더할까. 호사다마라는 말이 왜 하필 나에게 와서 짝을 찾는 것인가.

자식은 인연 따라 온다고 한다. 거역할 수 없는 인연이었나 보다. 한 달여 동안 입원하며 위험한 고비를 넘겼다. 발

열이 시작되면서 좀처럼 열이 떨어지지 않다가, 가까스로 회복되어 퇴원을 하였다. 이때부터 수시로 병원에 입원을 해야 했다. 심장병 환자는 감기에 약하며 걸렸다 하면 심하게 앓는다. 그런 까닭에 외출을 해도 집에 있는 아기 걱정에 언제나 마음이 조급했다. 세 살을 넘기면서부터 서울의 큰 병원을 옮겨 다니는 동안 아기는 더욱 쇠약해졌다.

감기기가 조금만 있어도 호흡이 가쁘다. 이럴 땐 조급한 마음이 극에 달한다. 아이를 품에 안고 서둘러 병원으로 가는 동안 집에 남은 가족이 병원에 연락을 한다. 병원에 도착하면 입구에 서 있던 간호사는 얼른 아기를 받아 산소 방으로 달려간다. 이렇듯 병원의 세심한 배려로 아기는 번번이 위험한 고비를 넘길 수 있었다.

아들의 이름은 경호였다. 다섯 살이 되던 해 해남 두륜산 북암 토굴 선사의 유발상좌有髮上佐가 되었다. 선사는 오계를 설하고 〈천용天龍〉이라는 계명을 내리셨다. 아이가 일찍 죽을 것이라는 의사의 진단이 마음 한구석을 차지하고 있었다. 아이가 행여 일찍 세상을 뜬다 해도 원력이 크신 스님께서 기도해주시면 좋은 곳으로 인도해 주시려니 하는 생각에서였다. 정진에만 열심이신 노스님은 상좌를 받아들이지 않는 분이셨다. 그런 분이 천용을 받아주신 것이다.

스님은 때때로 천용에게 편지를 보내며 챙겨주셨다. '소식하라, 간식하지 마라' 는 스님의 말씀을 잘 지키면서 건강을 돌보는 데 큰 도움이 되었다. 그리고 가끔 천용을 보기 위해 하산하셨다. 어린상좌 천용이 스님의 잔신부름을 하며 지성으로 모신다. 스승은 상좌를 무릎에 앉힌 채 찾아온 불자들에게 좋은 법문을 내리셨다.

어느 해 여름 충청도에 큰 수해가 났다. 친정집도 방안 천정까지 물이 차오르며 휩쓸렸다. 급히 친정 부모님을 부산으로 모셔왔다. 그즈음 오른 북암 기도 길에 천용과 어머니가 동행했다. 시오리길 가파른 오솔길을 오르고 또 올랐다. 숨이 턱에 차고 땀방울이 쉴 새 없이 흘렀다. 얼마를 올랐을까, 나뭇잎 사이로 하늘이 맷방석만큼 드러났다. 이제 다 왔구나 하고 마지막 힘을 내는데, 천용이 앞장서는 것이 아닌가. 업히고, 걷다 쉬기를 반복하던 천용이었다. 잠시 후, 한 손에 물병을 들고 노스님 등에 업힌 천용이, 외할머니와 엄마에게 손을 뻗어 눌을 주며 활짝 웃는다. 노스님도 환하게 웃으며 우리를 반기신다. 좀처럼 볼 수 없었던 노스님의 모습이다. 큰스님 등에 업히는 호사를 누린 상좌가 어느 절집에 또 있을까.

천용과의 인연으로 마음의 위안을 삼으려니 불가에 전해

지는 설화가 생각난다.

옛날 한 고을에 마음씨 착한 부부가 살았다. 자식이 없는 부부의 백일정성 기도 덕분인지 아들이 태어났다. 그런데 아기는 나면서부터 한 손만 주먹을 쥔 채 울지를 않았다. 점점 자라 세 살이 되도록 걷지도 못하고, 또 삼 년이 지나자 들을 수도 없게 되었다. 그렇게 벙어리 삼 년, 앉은뱅이 삼 년, 귀머거리 삼 년을 살다가 홀연히 세상을 떠났다. 부부는 부모의 죄업으로 불구의 자식이 태어났다고 생각하며, 불쌍한 자식의 극락왕생을 빌며 살아갔다.

그 후, 30여 년이 지난 어느 날, 새로 부임한 원님이 노부부 집을 찾아왔다. 노부부는 그 앞에 부복했다. 원님이 노부부를 일으키며 태어나면서부터 쥐고 있던 왼손 주먹을 펴 보인다. 손바닥에는 원님의 전생의 이름이 씌어 있었다. 노부부의 죽은 아들 이름이었다. 원님은 삼생三生에 받을 업보를 한 생에 받느라고 그같이 험한 질병을 앓았다고 말해준다.

이는 공덕을 많이 쌓으면 한꺼번에 업보를 소멸하고 좋은 인연으로 태어날 수 있다는 불가에 전해지는 이야기이다.

## 3. 비자나무 아래서

해남 두륜산자락 대흥사 대웅전의 사자좌에 큰스님께서 오르셨다. 보살계를 설하기 위해서다. 계를 받는 사람은 다섯 살 사내아이 경호였다. 스님은 아이의 팔뚝에 염비를 하고 5계를 설하셨다. 불명은 천용天龍으로 선사의 유발상좌가 되었다. 많은 대중이 모인 법회에서 계를 설하시는 큰스님께서, 달랑 꼬마 사내아이 한 명을 앉혀 놓고 대웅전 큰 법당 사자좌에 오르셨다. 그토록 자비로우신 선사께서 천용의 은사가 되신 것이다. 이때부터 경호라는 이름은 호적에만 존재할 뿐, 누구나 천용으로 불렀다.

대흥사에서 계를 받고 부산 집으로 돌아가기 위해 길을 나섰다. 때마침 부산으로 간다는 선객 스님 한 분이 동승을 했다. 남편은 장거리운전에도 지치지 않는 베테랑이다. 얼마를 왔을까 부산까지 가려면 한밤중이나 되어야 도착할 것 같았다. 스님은 강진 백련사로 들어가서 하룻밤을 유하자고 한다. 천용이도 힘들 것 같아서 우리는 백련사로 길을 잡았다. 어느덧 해는 서산마루에 걸려 마지막 장을 넘기고 있는 중이다. 저녁식사도 하지 않은 상태여서 시장기가 몰려왔다. 식당을 찾기 어려워 난감했는데, 스님은 바랑에서 밤톨만한 선식을 꺼내주신다. 까뭇한 선식 한 알씩을 먹으니 저녁밥을 먹은 듯 든든했다. 솔향이 가시지 않은 스님의 비상식을 축냈으나 귀한 음식을 체험했다.

백련사로 접어들었다. 입구에서부터 비포장도로가 나타난다. 돌이 튀어 자동차 밑을 때리는 소리에 가슴을 쓸어내린다. 결국엔 바퀴가 웅덩이에 박혔다. 빠져나오기 위해 액셀러레이터를 세게 밟을수록 헛바퀴만 돌아 웅덩이가 더 깊이 파인다. 어쩔 수 없이 차를 버려야 했다. 다행히 거의 다 왔다는 스님 말씀에 안심을 하며 아이를 업고 백련사로 들어갔다. 주지 스님께 사정이야기를 하자, 갑자기 찾아든 객을 친절히 대해주신다.

절집에 새벽예불이 시작되고 여명이 밝아온다. 능이버섯을 넣고 끓인 미역국은 생전 처음 먹어보는 별미였다. 선객 스님이 1능이, 2송이라면서 권하기에 인물 좋은 능이버섯을 사 두었더니 훌륭한 대중공양이 되었다. 주지 스님은 작설차에 비자까지 내어 놓으시며 천용이 계 받은 것을 칭찬하셨다. 비자를 씹어 입안이 텁텁했는데 작설차 한 모금을 머금으니 금세 향기가 돌면서 떫은맛이 사라졌다. 그 신기함에 매료되어 차를 마시고 거듭 마신다.

마당에는 제법 큰 비자나무가 성성한 잎을 자랑하며 서 있다. 주지 스님이 비자나무 위로 올라가신다. 느슨한 바짓

가랑이를 양쪽 가지에 버티고 세 발 장대를 휘두른다. 비자나무는 애꿎은 종아리를 맞는다. 지은 죄도 없는데 용서해 달라며 비자알을 우수수 내어 놓는다는 생각을 했다. 떨어지는 파란 비자알에 머리를 맞으며 줍는다. 비자는 몸속의 충을 제거해 준다면서, 비자를 좋아하는 우리에게 주실 것이라 했다. 천용이도 신이 났다. "천용아!"하고 주지 스님이 부르신다. "예"하고 큰 소리로 대답하니 "비자 따는 이 누구냐고 묻거든, 주지 스님이라 하지 마라" 는 주지 스님의 외침에 웃음꽃이 활짝 피어났다.

하룻밤 강진 백련사에서의 불사는 두고두고 잊을 수 없다. 천용과 주지 스님의 유머는 아름다운 추억의 한 장면이다. 시간은 흐르고 시간에 실린 모든 만물은 변하고 있다. 그때의 짧은 에피소드가 잠시나마 시름을 달래주는 명약이 될 줄이야.

백련사 후원 공양주보살, 능이미역국을 일품으로 끓여낸 보살은 주지 스님의 친어머니라고 한다. 기도 차 올라온 어느 보살이 귀띔한다. 그때 나는 천용이 자라서 스님이 되면 공양주가 되어 천용을 시봉할 것이라고 다짐했었다. 잃어버린 것에 대한 아쉬움으로 가슴이 저려올 때면, "이것 또한 지나가리라"는 솔로몬의 명언을 되뇌이기도 한다.

## 4. 착한 아이

오계를 받은 천용은 어린 나이임에도 나름대로 지키려는 마음을 늘 간직하는 것 같았다. 개미 한 마리도 허투루 보지 않았다.

가족들이 정성으로 돌본 탓인지 연약한 몸이었지만 학교에 입학을 했다. 학교에서도 천용으로 불러주었다. 초등학교 1학년 때였다. 외출에서 돌아와 보니 어설프게 바늘을 잡고 코를 훌쩍이며 무언가 꿰매고 있었다. 무릎에 구멍이 난 흰색 스타킹이다. 천용이 옆에 키가 작은 여학생이 쪼그리고 앉아 있다. 학교에서 돌아오는 길에 친구가 넘어졌는데 그대로 보낼 수 없어 집으로 데려왔다고 한다. 제 몸 추스르기도 힘들었을 텐데, 어찌 거기까지 생각이 미쳤을까.

천용은 친구도 많고 명랑했다. 그리고 손을 움직여 만드는 것을 좋아했다. 한번은 텔레비전에서 배웠다면서 얇은 스타킹에 가는 철사를 이용하여 꽃을 만들었다. 생화가 피어나는 듯 예뻤다. 선생님이 보시고 칭찬하며 반 아이들이 공작시간에 배울 수 있게 했다. 선생님이 마련한 마른 나뭇가지에 아이들이 만든 스타킹 꽃이 울긋불긋 피어났다. 천용의 연구수업 작품은 1년 동안 교실 뒤쪽에 전시되었다. 아마도 천용이 초등학교 시절 가장 재미있고 보람 있었던 날이었지 싶다.

천용이 4학년 때였다. 같은 반 아이의 어머니가 나를 만나기를 청하였다. 가벼운 마음으로 그의 집을 방문했다. 한눈에 보기에도 문화 수준이 높아 보였다. 우리는  아이들 교육에 대하여 이야기를 나누었다. 그러던 중 그녀가 어렵사리 말을 꺼낸다. 며칠 전 학교에서 아이가 친구의 학용품을 주인 모르게 가져왔다는 것이다. 선생님으로부터 천용이 어머니에게 자문을 구하라는 권유를 받았다는 말도 덧붙인다. 그녀는 매우 불쾌해하며 아들 감싸는 말로 일관한다. 당황스러웠다.

천용이 몸이 허약해 1학년 때부터 지금까지 조례시간에 교실을 지켰다. 지금껏 분실물이 없었는데, 그 아이가 교실을 지키던 날 다른 아이의 학용품이 없어진 것이다. 나는 그녀가 생각을 돌려 자식의 잘못을 인정하도록 하고, 원인을 찾는 쪽으로 이야기를 나누었다. 또 친구를 존중하고, 남의 물건을 소중히 여기도록 해야 한다고 말해 주었다. 부모의 과잉보호와 규제는 자녀에게 엉뚱한 결과를 가져올 수 있다는 대화도 나누었다. 그 일이 있은 후 천용과 친구, 그녀와 나는 오랫동안 절친한 사이로 지냈다.

## 5. 홀로서기

천용은 여름이 되면 수시로 범어사에 가자고 했다. 절에서의 생활을 즐겁게 생각했다. 스님들 처소의 잔심부름이나 우편물 배달도 신이 난다고 한다. 특히 거동이 불편한 노스님 돕기를 즐겨했다. 노스님은 무릎이 불편했는데, 벌침을 맞으면 효험이 있다고 했다. 벌을 잡는 일은 천용과 또래의 아이들 몫이었다. 벌은 침을 쏘고 나면 그 자리에서 죽는다. 그것이 못내 마음에 걸렸으나 노스님의 무릎이 더 중요하다고 생각했기에, 벌을 위해 마음속으로 명복을 빌어주었다고 한다.

수좌 스님들은 천용에게 목욕도 시켜주고 살갑게 대해주었다. 한번 절에 올라가면 길게는 일주일이 넘도록 내려온다는 말이 없었다. 절에서 내어준 종무소의 편한 잠자리도 마다하고, 스님이 되기 위해 수행하는 행자님들과 같이 생활하기를 좋아했다. 종무소에서는 새벽 세시에 올리는 예불에 가기가 불편하다는 이유에서였다. 한번은 행자님들 방바닥 틈새로 연기가 새어 들어온다면서 고쳐줄 것을 내게 부탁한다. 즉시 원주실에 이야기하여 보수가 이루어졌다. 어린아이 같지 않은 이타심의 실천이었다. 천용은 장성하면 스님이 될 것이라고 말하곤 했다.

천용은 일찍 철이 들었다. 어린 시절 힘에 부쳐 자유로이 활동할 수 없었는데도 보채거나 짜증을 낸 기억이 없다. 자라면서 제 방에서 음악을 듣거나 책을 보며 시간을 보냈다. '홀로서기'라는 시집을 즐겨 읽었다. 한번은 천용이 꽂고 있던 이어폰을 내 귀에 꽂았더니 가수 이선희의 노래 'J에게'가 흘러나온다. 소리쳐 불러보고 싶은 마음을 스스로 달래고 있었나 보다. 나는 이어폰 소리를 들으며 속눈물을 흘려야 했다.

천용은 마음대로 뛰어놀 수 없는 처지에서 나름의 취미를 즐겼다. 창밖의 변화하는 사계절을 찍어놓은 사진을 천용이 가고 나서야 볼 수 있었다. 겹벚꽃이 만발한 정원, 단풍든 나뭇잎, 멀리 보이는 수평선 위의 배를 뒤늦게 아들의 눈으로 볼 수 있었다.

우리 집은 바다가 보이는 곳에 위치한 아파트였다. 천용은 창틀에 좁쌀을 놓아두고 바닷새가 날아와 먹이를 쪼아 먹는 것을 즐겁게 생각했다. 한번은 갈매기 한 마리가 방으로 날아들었다. 한바탕 소동을 겪고 겨우 밖으로 내보낼 수 있었다. 행여 다칠까 봐 걱정하는 천용에게서 생명을 귀히 여기는 눈빛을 보았다. 만물에는 평등하게 불성이 있다는 불가의 가르침을 어린 천용은 몸으로 보여주었다. 그것이 천용의 본성이라고 생각한다.

천용이 중학교에 갈 때였다. 교장 선생님은 천용의 사정을 고려해 자유롭게 학교에 다닐 수 있게 선처해주었다. 2학년이 되면서 교실이 2층으로 옮겨졌다. 계단을 오를 때는 친구들이 책가방을 들어주고 업어서 올려주기도 했다. 고마운 친구들 덕에 즐겁게 학교생활을 할 수 있었다. 결석이 많았지만 성적에는 마음을 쓰지 않았다. 학생이라는 소속감과 친구를 유지해주고 싶은 나의 욕심이 아이를 더 힘들게 하지는 않았을까 하고 돌이켜본다.

## 6. 호돌이 대장

집에서 가까운 곳에 소화영아재활원이 있었다. 중증 기형아들을 돌봐주는 곳이다. 그곳에는 나의 중학교 동창, 헬레나 수녀님이 있었다. 가끔 천용과 함께 찾아가 작으나마 힘을 실어주곤 했다.

천용이 동생과 동네 친구 몇 명과 함께 《용맹한 호돌이들》이라는 모임을 만들었다는 것을 진즉 알지 못했다. 88올림픽이 개최되기 2년 전이다. 올림픽 마스코트 호돌이 붐으로 나라가 들떠 있을 때였다. 천용이 만든 용맹한 호돌이 노트엔 '키 큰 호돌이, 귀여운 호돌이, 까불 호돌이, 꾸러기 호돌이, 토실토실 호돌이, 임호당 호돌이, 점박이 호돌이' 그리고 마른 자신을 지칭한 '해골 호돌이'가 적혀있다. '회비가 많이 모이면 불쌍한 이웃을 찾아가기로 함'이라고 써 놓았다. 크리스마스를 맞아 소화영아재활원에 생필품을 전달했다는 기록도 있다. 일 년여 기간 동안의 기록이 담긴 호돌이 대장 천용, 해골 호돌이가 남긴 어설픈 그림 일기장은 지금에야 담담히 꺼내 볼 수 있다.

나는 호돌이 대장 천용의 뜻을 기려 오래 전부터 매달 작으나마 유니세프에 후원하고 있다.

'자식은 가슴에 묻는다'고 한다. 이름만 꺼내도 주체할 수 없이 눈물이 흐른다. 애써 기억을 외면해야만 했다. 아들을 보내고 30여 년이 되어서야 그의 이름을 부를 수 있다. 언제나 목이 메어 오는 것은 천륜으로 얽힌 인연 때문이리라.

어느 이른 봄날 아파트 살피꽃밭을 지나다가 문득 걸음을 멈췄다. 동백꽃이 흐드러지게 피어있었는데 떨어진 꽃들이 화단을 붉게 물들이고 있었다. 송이송이 시들지 않은 젊은 꽃. 나는 그곳에서 아들의 얼굴을 연상한다. 마치 떨어지지 않으려고 안간힘을 다해 버티다가, 절벽 아래로 추락한 어느 생명체의 비명이 들리는 것 같다. 아직 감지 못한 동공에 고인 말이 배어있는 듯하다. 작별할 사이도 없었던 아들과 엄마, 파리한 입술이 남기고 싶었던 말은 무엇이었을까. 잊어서는 안 될 이름. 천용이 긴 터널을 지나 다시 올 것만 같아, 귀를 기울이는 나를 본다.

## 7. 스승이 된 아이

이웃에 가깝게 지내는 지인이 있었다. 그녀는 선량하며 모범적인 주부였다. 하루는 그녀가 천용에 대해서 진지하게 제안을 해왔다. 천용이 심장병으로 고생하는 것을 많은 이웃들이 알고 있었다. 그녀는 충청도에 있는 계룡산 기도회에 가자고 했다. 그곳에서 기도를 올리면 천용이 병이 나을 것이라고 했다. 나는 귀가 솔깃해 한 걸음에 집으로 달려왔다.

들뜬 어조로 천용에게 설명을 하고는 같이 기도하러 가자고 하였다. 그런데 천용은 그렇게 기쁘지 않은 기색이다. 잠시 동안 생각하더니 입을 연다. 그곳에서 부처님께 기도하느냐고 묻는다. 아니라고 하자,

"나는 가지 않을래요. 부처님을 믿으라고 했는데 이제 와서 바꾸라면~~ "하고는, "엄마는 엄마가 하고 싶은 대로 하세요"라고 단호하게 말하는 것이 아닌가.

나는 여덟 살 어린 아들에게 깨우침을 얻었다. 그토록 괴로워하는 자기 몸의 병을 고칠 수 있다는 데도 신의를 지키는 천용. 지푸라기라도 잡아보려고 경거망동한 어미가 부끄러웠다. 지인에게 사정을 전했다. 그녀는 놀라워하며 그런 상황에서 응하지 않은 사람을 처음 본다고 안타까워했다. 나는 아들의 의견을 따랐다. 어린 나이에 이미 육신에 대한 집착을 놓았던 것인가. 어미는 아들의 깊은 속을 읽지 못하는 어리석은 사람이었다.

서울의 종합병원 정기 검진 날이다. 아침부터 먹구름이 몰려오고 비가 내렸다. 집안이 갑자기 어두워졌다. 기차역에 나갈 시간을 기다리며 여행 가방을 꾸리고 있는데, 현관 쪽 기둥 밑이 불빛으로 환했다. 다가가서 보니 천용이 작은 찻상에 촛불을 밝혀놓고 앞에 앉아있다. 내일이 부처님 오신 날인데, 절에 갈 수 없으니 지금 예불을 드리는 중이라고 한다. 그 기둥에는 달마도가 걸려있었다. 나는 석가탄신일을 미처 생각지 못했었다. 이토록 신심이 깊었는가. 놀라지 않을 수 없었다. 서울이 가까워지는데도 날씨는 개일 기미를 보이지 않는다.

검진을 마치고 약을 받으러 가야 했다. 숨 가빠하는 아이를 큰 기둥 옆에서 기다리게 했다. 기둥 위치를 머릿속에 새겼다. 나는 잰 걸음으로 마음이 바쁘다. 이리저리 발길을 옮기는데, 가는 곳마다 차례를 기다려야 했다. 시간이 얼마나 지났을까 조급함으로 마음이 편치 않다. 생각보다 시간이 많이 지체된 후에야 기둥으로 돌아왔다.

아이는 기둥을 의지하고 그 자리에 쪼그리고 앉아 있었다. 숲 속에 방치된 바위 같았다. 사람들의 발길이 쉴 새 없이 오고가는 곳, 나는 덥석 아이를 안았다. 가슴이 저려왔다. 이 미련한 어미, 손수건이라도 깔고 아이를 편하게 앉혀 놓을 것을. 견디기 힘든 시간을 기둥에 기대어 인내한 아이, 엄마를 믿고 괴로움을 견뎌준 아이. 눈가에 핑 도는 눈물을 삼키며 마음을 추스른다.

## 8. 기로에 서다

세 살 때 서울의 큰 병원에서 심장 검사를 받고 수술이 불가능하다는 진단을 받았었다. 어린 아이에게는 힘든 시술이었다. 어미가 해줄 수 있었던 것은 금식 중인 아이에게 검사를 마치고 나서 먹고 싶은 것이 무엇이냐고 묻는 것이 고작이었다. 천용은 잠시 생각하더니 사과가 먹고 싶다고 했다. 70년대 5월의 매점에는 사과가 없었다. 병원 밖에서 허둥지둥하며 가까스로 시들어빠진 사과 한 개를 구해들고 뛰었던 기억은 지금도 생생하다.

귀한 아들을 보았는데 불치의 병이라는 안타까움에 서울에 사는 언니와 형부는 시술실 밖을 지켜주었다. 천용이 일로 병원에 올 때마다 언니 집에 묵으면서 늘 위로를 받곤 했다. 역시 피는 물보다 진했다.

퇴원하는 날 창경궁을 관람했다. 충청도에서 올라오신 어머니와 함께였다. 구인사 기도에 함께하셨던 어머니는 늘 외손자 때문에 마음 아파하셨다. 병원을 퇴원한다는 소식을 듣고 외손자를 보러 오신 것이다. 벚꽃이 만개한 창경원을 아이를 업고 걸었다. 코끼리, 낙타, 원숭이 등 여러 동물을 보며 까르르 웃던 모습이 생생하게 다가온다.

일 년에 한 번씩 심장 정기검진을 받았다. 서울대 병원을 가는 길에 택시를 타고 남산 1호 터널을 지나는데 "와! 서울 굴뚝은 길기도 길다"면서 눈을 크게 뜨고 차창 밖 불빛을 구경하던 모습은 아직도 나를 미소 짓게 한다. 지금도 상경하여 남산 1호 터널을 지날 때면 늘 천용과 함께 있는 것 같은 착각에 빠져든다. 혹 천용을 알고 있는 사람이 동승했을 땐 그때의 이야기를 꺼내곤 한다.

일곱 살이 되던 이른 봄 심장 정밀검사를 받았다. 그동안 발전한 의술에 대한 희망과 심장의 변화를 보기 위해서였다. 이번에는 지구 끝이라도 가서 아이의 심장병을 고쳐줄 각오였다.

종합병원 세미나실에 백여 명의 의료진이 모였다. 맨 앞 자리에 앉은 나는 기대감과 불안감이 교차하면서 침묵을 지켰다. 정면 큰 화면에 천용의 흉부사진이 비춰진다. 의학 용어는 알 수 없었으나 심장수술에 대한 토론이었다. X-레이 사진을 다각도로 비추며 설명이 이어지고, 진지한 토론이 계속된다. 한 시간이 족히 지나고 열띤 토론을 하던 흰색 가운들이 썰물같이 빠져나간다.

주치의가 나를 부른다. 천용의 심장은 판막증과 복합중증기형까지 겹쳤다면서 이는 대동맥과 폐동맥이 뒤바뀌어 가장 어려운 수술 케이스라고 한다. 미국에 가서 수술을 받아도 생존율이 40% 미만이라는 소견을 덧붙인다. 또 마취에서 깨어나지 못할 확률도 높다고 한다. 설명을 마치고 나의 의사를 묻는다. 이젠 희망이 없는 것인가. 얼떨결에 날아온 축구공에 머리를 맞은 듯 가슴이 먹먹했다. 선뜻 대답이 나오지 않았다. 이럴 땐 누구라도 의논의 대상이 되어주길 바랐지만, 홀로 결정해야 하는 현실을 피할 수 없는 상황에 더욱 마음이 조여들었다.

병원 정원 벤치에 앉았다. 다리에 힘이 풀려 어떻게 걸어

나왔는지도 몰랐다. 쌀쌀한 기운이 가슴을 파고든다. 팔짱을 끼고 두 팔에 힘을 주어 버틴다. 입은 재갈을 물린 듯 굳게 닫혔고 허공을 응시한 눈은 초점을 잃었다. 벌떡 일어나 서성거린다. 이럴 때 내가 할 수 있는 것이 무엇이란 말인가. 작은 확률에 희망을 걸고 미국으로 가서 수술을 할까? 그러다 수술대에서 깨어나지도 못하면 어떡하지? 생각이 여기에 미치자 내 심장이 요동치며 가슴이 답답해졌다.

차라리 천용의 심장 대신 내 심장이 아플 수는 없는 것인가. 무심코 고개를 떨구고 발밑을 본다. 하얗게 핀 작디작은 별꽃이 나를 빤히 올려다보고 있다. 그 위로 천용의 해맑게 웃는 얼굴이 겹친다. 순간 '명을 재촉하지 말고 천명대로 같이 가자' 고 마음을 다잡는다. 이것이 나의 업이라면 허리가 휘도록 짊어지고 갈 것이라고 다짐한다. 묵묵히 엄마를 기다리며 홀로 병실을 지키고 있던 어린 천용, 그때 내가 어떤 표정을 보였는지 기억이 희미하다.

몇 년 후 천용이 열 살 때였다. 텔레비전에서 심장이식수술에 성공했다는 뉴스가 보도됐다. 천용이 우리도 서울병원에 가보자며 크게 기뻐한다. 그동안의 정황으로 보아 큰 기대를 할 수 없었으나 실낱같은 희망을 품고 동짓달 칼바람을 무릅쓰고 서울로 올라갔다.

세○○○병원 흉부외과 차○○ 박사는 한국의 권위 있는 의사로 어릴 때부터 주치의였다. 선생님이 천용의 가슴에 청진을 하고 가슴사진을 살핀다. 한쪽 심장은 심하게 작아져 있고 반대편심장은 풍선처럼 부풀어있었다. 예전 사진과 별다른 변화는 없어 보였으나 심장의 편차가 두드러져 보였다. 사진과 아이를 번갈아 보던 선생님이 도리어 내게 묻는다. 집에서 뭘 먹이느냐고. 일곱 살 넘게 생명을 유지하고 있는 것에 대한 놀라움인 것 같았다.

나는 미개인 소리를 들을까 봐 심장에 좋다는 사향을 구해서 청심환을 만들어 먹인 사실은 말하지 않았다. 청심환을 빚을 땐 섬세한 손재주를 가진 천용은 청심환에 금박을 입히는 선수였다. 모자가 함께 정성을 다해 빚은 청심환. 나는 그때 아들을 살리기 위한 돌팔이 한의사쯤 됐었다.

선생님은 천천히 말을 잇는다. 이식 수술이 완전 성공한 것은 아니니 조금만 더 기다리라고 한다. 천용은 고개를 떨군 채 일어서질 않는다. 한참을 그렇게 앉아 있었다. 핏기 없는 연약한 천용의 목덜미가 지금도 선명히 떠오른다. 나는 힘을 내서 다음 환자가 기다리니 가야 한다고 팔을 부추겨 일으켰다. 의사 선생님의 말을 듣고 애달파하는 모습을 보면서, '많이 성숙했구나' 하고 나 역시 마음이 아팠으나 애써 태연한 척하며 진료실을 나왔다. 살을 에는 찬바람을 맞고서야 코트며 목도리를 진료실에 두고 온 것을 알았다. 제정신이 아니었나 보다. 이대로 집으로 갈 수 없었다. 어떻게든 천용의 마음을 달래야 했다.

소문으로만 듣던 63빌딩에 갔다. 서울의 두 여동생이 소식을 듣고 달려온 터였다. 천용에게 특별한 점심을 마련해 주고 싶어서였다. 뷔페식당 입구에 천사의 날개를 빚은 얼음조각품이 격조 있는 분위기를 연출한다. 우리는 천용이 힘들지 않도록 음식에서 가까운 곳에 자리를 잡았다. 차려진 음식을 본 천용이 환하게 웃는다. 이모들이 장단을 맞추어주니 분위기가 한껏 활기에 찬다. 먹음직한 음식만을 골라 접시에 담는다. 처음 보는 음식이 모양도 곱거니와 향도 일품이다.

알림판에, 생일손님에겐 특별 이벤트가 있다고 씌어있다. 우리는 짐짓 천용이 생일이라고 청을 했다. 화려하게 장식한 3단 케익이 천용이 앞에 놓였다. 생일축하곡 연주에 맞춰 노래를 부르며 손뼉을 친다. 천용이도 선물로 받은 파란색 스머프 인형을 들고 즐겁게 박자를 맞춘다. 어린이 만화에서 인기 절정인 스머프, 팔 다리가 가는 것이 천용을 닮았다. 즉석 사진사가 장면을 포착하느라 이리저리 움직인다. 어느 황태자의 생일파티 못지않게 우아하다. 음악이 끝나고 촛불을 끄는 천용의 얼굴이 불빛에 반사되어 환하게 빛난다. 오늘이여 영원하라고 기도를 되뇐다.

## 9. 송가

천용이 열두어 살 때쯤 지리산 쌍계사로 참배 여행을 갔다. 화개장터에 들러 천용이 좋아하는 햇밤이며 갖가지 시골 농산물을 트렁크에 실었다. 시원한 강바람을 스치며 섬진강을 따라 달린다. 강물은 햇살 아래 반짝거리고, 수면을 박차고 튀어 오르는 물고기들에게 시선을 빼앗긴다. 명랑하게 창밖 풍경을 보고 있던 천용은 문득, '내가 죽으면 스님들처럼 화장해주면 좋겠다' 고 하면서 '강물에 뿌리면 추워서 감기에 걸릴 것 같으니 경치 좋은 산에 뿌려 달라' 고 이야기하듯 말한다. 뜻밖의 말에 말문이 막히면서 나는 얼른 말을 돌렸다. '엄마가 먼저 죽을 텐데 무슨 말이냐' 고. 분위기를 환기시키느라 재미있는 이야기를 했다. 평소 같았으면 까르르 웃으며 말을 이어갔을 천용. 이미 자신이 오래 살지 못할 것이라고 생각하는 것인지 묵묵히 창밖을 응시한다. 참지 못할 속울음으로 명치가 아파왔다. 그날 천용이 자신의 죽음을 담담하게 이야기하는 모습에서 그것이 사실로 나타나지 않을까 하면서도, 천용이 나보다 먼저 죽는다는 생각은 감히 하지 못했다.

해가 갈수록 천용의 체형이 눈에 띄게 바뀌었다. 한쪽 가슴이 확연히 두드러지고 양 어깨가 소에게 멍에를 얻은 듯 점점 솟아오른다. 숨이 더욱 가빠져 걷기조차 힘들어했다. 조금이라도 힘을 덜어주려고 병실에서 쓰는 자동 조절 침대를 들여놓았다. 그러면서도 생명이 얼마 남지 않았다고는 자각하지 못했다. 실낱같은 등불이라도 오래 지속되리라고 믿고 싶었던 것일까.

열여섯 살이 되던 해, 88올림픽 개막을 며칠 앞두고 또다시 대학병원에 입원을 했다. 천용이 거실에 올림픽 장면을 녹화하려고 빈 비디오테이프를 쌓아놓은 상태였다. 항상 그랬듯이 입원하여 한 일주일간 치료받으면 퇴원을 했었다. 그럴 때마다 우리는 농을 주고받았다.

"선생님이 집으로 가라네, 나는 이번에 49재 준비를 해야 하나 했더니" "그러게요 나도 범어사로 가나 했는데"라고 제법 선문답 같은 농을 웃으면서 주고받았다. 그러나 이번에는 병세가 점점 악화되면서 심한 통증을 호소했다. 참을성이 많은 아이인데 괴로움이 가득한 눈빛이다. 병원 치료로는 더 이상 어찌해줄 수 없는 현실이 그지없이 안타까웠다. 이미 하늘이 가까이 다가오고 있는 듯.

마음속 깊은 곳에 가끔 생각하는 것이 있었다. 만약 천용이 나보다 먼저 이 세상을 떠난다면 그 모습을 보고 싶지 않았다. 숨이 끊어지는 순간을 가슴에 담고는 살아가기 힘들 것만 같았기 때문이다. 이것이 나의 원이었다면 신께선 왜 하필 그것만을 들어주셨을까. 천용이 나를 제외한 가족들이 병실을 지키는 가운데 평소처럼 낮잠이 들었다. 둘째 누나의 품에 안긴 채였다. 통증이 심한 아이에게 의사가 주사를 놓고 병실을 나갔는데, 천용의 눈꺼풀이 파르르 떨렸다. 누나는 장난기 심한 천용이 또 장난을 치느라 눈을 깜빡이는 줄 알았다. "천용아 그러지 마"하며 내려다보니 이미 숨이 멎어있었다. 찰나에 일어난 일이다. 이 잠이 깨어날 수 없는 영면이 될 줄이야. 나는 의사 선생님의 심폐소생술이 시작됐을 때 병실에 들어섰다.

가슴에 가하는 충격으로 침대가 들썩였다. 순간 '심장이 멈추었구나' 하는 생각과 함께 가슴이 쿵 내려앉으며 멍해졌다. 부어오른 심장에 저렇듯 심하게 자극을 주면 이미 떠난 아이지만 너무도 아파할 것 같아 그만 멈추게 했다. 천용의 싸늘한 손목에 염주를 감아주었다. 의사는 사망진단이 내려지면 바로 영안실로 옮겨야 한다고 한다. 울 수 있는 여유도 없었다. 생과 사의 경계가 이렇듯 냉혹할 줄이야. 풀잎처럼 스러진 내 아이를 어둡고 차가운 시체실에 홀로 둘 수는 없었다.

의사 선생님의 배려로 산소 호흡기를 꽂은 채 앰뷸런스에 뉘어 집으로 왔다. 평소 즐겨 입던 카키색 스즈끼 바지에 흰색 상의를 입혔다. 숨결이 멎은 가슴은 평온했다. 그제야 천천히 아이의 얼굴을 들여다본다. 순간 내 눈을 의심했다. 핼쑥하게 여위었던 얼굴의 볼이 봉실 피어나고, 정수리가 도독하게 솟아 보인다. 어느 불당에서 본 와불의 얼굴을 닮았다. 온화한 마지막 모습을 보면서 '좋은 곳으로 갔구나' 하고, 슬픔으로 가득했던 마음에 위안을 삼았다. 천용은 평온한 모습으로 이 세상을 하직했다. 죽음이란 '숨 한 번 내쉬고 들이마시지 못하는 것' 이라는 선사의 법음이 향로에서 피어오르는 향을 타고 내려앉는다.

## 10. 나만의 사리

우리는 서서히 이별의 문턱을 넘고 있었다. 시간의 수레는 하루해를 재촉한다. 평소 천용의 바람대로 화장을 하기로 했다. 불꽃이 시신을 휩싸는 순간, 혼절하다시피 쓰러지고 말았다. 시간이 얼마나 흘렀을까. 유골을 수습하라는 연락이 왔다. 몇 조각 남지 않은 유골이 사찰에서 본 선승의 은은하면서도 맑은 사리색깔을 닮았다. 비록 육신은 병약하였으나 정신의 세계는 올곧음만을 지키며 살았던 아이의 품성을 보여준 것이리라.

천용의 마지막 길을 지켜주기 위해 달려온 가족 친지들이 함께했다. 언젠가 여행길에 함께했던 섬진강변 길이다. 마음속에 그려 넣었던 곳, 천용이 그때 손가락으로 가리키던 곳을 찾아가기는 쉽지 않았다. 한참을 헤매다가 하동군 금남면 야산 위로 올라갔다. 정상에서 내려다보이는 풍경은 이제껏 본 적 없는 비경이 펼쳐져 있다. 멀리 섬진강 줄기가 산모롱이를 돌아 8월의 푸른 들판을 굽이굽이 흐르고, 간간이 솟아있는 육중한 바위 사이로 키가 큰 나무들이 바람에 흔들린다. 한 폭의 산수화였다. 천용의 못다 한 삶을 포근히 품어줄 낙원 같았다. 막혔던 가슴이 탁 트이며 맺힌 응어리가 터져 나왔다.

골분을 뿌리기 전에 산신제를 지내야 했다. 스님의 독경이 산하를 울린다. 무심코 내려다본 발밑 풍경에 깜짝 놀랐다. 돌무덤이 소복소복 쌓여있는 것이 아닌가. 어린아이들의 공동묘지였다. 이럴 수가! 길을 헤매다가 어떻게 이곳으로 마음이 쏠렸는지 알 수 없다. 아마도 먼저 간 아이들이 불러들인 것인가. 알 수 없는 영의 세계가 작동한 것만 같다. 친구들을 좋아하는 천용을 동무들이 손짓하여 부른 것이리라. 이제는 천용을 보내야 한다.

조용히 골분함에 손을 넣는다. 손바닥에 하얗게 묻는다. 따뜻한 기운이 온몸에 전해진다. 식을 줄 모르는 뼛가루를 한 움큼 쥔 주먹이 펴지지 않는다. 심호흡을 하고 팔을 뻗어 허공에 뿌린다. 바람에 실려 눈물로 얼룩진 얼굴을 덮는다. 차마 떠나보낼 수 없는 아들의 이름을 부른다.

허허롭다. 아들의 육신을 허공에 날려 보내고 석양으로 물들여진 섬진강 줄기를 따라 돌아온다. 응어리진 무덤 하나 무거운 돌이 되어 가슴에 내려앉는다. 그리움이 강물처럼 흘러, 언젠가 아들은 시가 되어 세상에 다시 피어나리라.

섬진강 바람언덕에 선 어미는 가슴이 조여든다. 대신 아파할 수 없었음을 자책한다. 온통 사랑하지 못한 나는 죄인이다. 말라죽은 나무처럼 선 채로 보내야 했던, 하늘에 닿도록 큰 울음 한 번 울어주지 못한 나는 크나큰 죄인이다.

## 11. 당찬 사나이

누나들이 다섯이나 있는 천용이, 큰누나가 결혼을 했다.

두 사람은 캠퍼스커플이다. 어느 날 딸의 주선으로 대학가 찻집에서 한 청년을 만났다. 대화를 나누면서 좀처럼 보기 드문 건전하고 진취적인 사람이라는 신뢰를 받았다. 그는 장차 처남이 될 천용을 남달리 귀히 여겼다. 맛난 음식을 같이 나누고 숨이 찬 천용을 업고 걸었다. 천용도 그를 격의 없이 따랐다.

딸이 결혼식을 마치고 신혼여행에서 돌아온 때였다. 사위는 평소처럼 "천용아"하고 불렀는데 대답이 없다. 제 방에서 나오지도 않는다. 이유는 이제 "처남"이라고 불러달라는 주문이었다. 두 사람은 잠시 대화를 나누더니, 천용은 사위를 "매형"이라고 불렀고, 사위는 "처남"이라는 호칭으로 천용을 불렀다.

그 매형은 처남의 마지막 가는 길에 영정사진을 안았다. 8월의 뙤약볕 아래 부를 수도 없고 대답할 수도 없는 매형과 처남은 그렇게 이별을 했다. 죽음에 대해 생각조차 할 수 없는 어린 처남, 그 영정을 모시는 어려움을 겪은 사위를 생각할 때면 지금도 안타까움에 가슴이 막혀온다.

천용은 부모에게 단 한 번도 야단을 맞아본 일이 없다. 그리고 누구라도 경우에 맞지 않는 일을 하면 바로잡아 말하곤 했다. 어느 날 아빠가 부당하게 가족들을 질책하는 일이 있었다. 가족 중 누구도 토를 달 수 없는 상황이었다. 그런데 천용이 가냘픈 몸을 일으켜 꼿꼿이 서더니, 도리어 아빠를 질책하는 것이 아닌가. "아빠는 그러시면서 엄마한테 왜 그러세요." 우리는 깜짝 놀랐다. 아빠는 천용이 말에 더는 이유를 달지 못하고 대문 밖으로 자리를 피했다. 천용의 말이 틀리지 않다는 것을 모든 가족은 알고 있었지만 용기가 없었던 것이다. 장남으로서 가족의 대변자 역할을 처음으로 훌륭히 해냈다.

## 12. 천도

천용의 49재 날이다. 병실에서 농으로 주고받았던 49재라는 단어가 현실로 닥쳤다. 육신은 의복과 같은 것. 죽음이란, 껍데기를 벗어 버리고 새것으로 갈아입는 것이라지만 어린아이에게 너무 과한 농을 했던 어미를 자책한다. 한편 처연하게 농을 받아준 그 아이가 진실로 도인이 아니었는가 싶다. 천용은 음력 7월 초하루에 홀연히 떠나갔다. 그러다 보니 7일은 칠석, 15일은 우란분절로 잿날마다 신자들이 보제루 넓은 법당에 빼곡히 앉아 예불에 동참했다. 사람 좋아하는 천용이 좋은 날을 받아서 떠난 것인가.

49일째 잿날이다. 원효암에 계시는 큰스님께 영가 법문을 청했다. 스님은 사자좌에 올라 가부좌를 하셨다. 영혼은 인간의 말을 듣지 못한다. 다만 지극한 마음을 내었을 때 영가에게 마음으로 전달된다는 법음을 들려주신다. 스님은 간간이 "고천용 영가야"를 거듭 부르시면서 자상하게 일러주셨다.

상을 당하고 떠오른 스님은 원주스님이었다. 스님은 천용이 절에서 생활할 때 늘 보살펴주신 고마운 분이다. 『만화 육조단경』을 출판하여 법 보시로 제공하도록 주선해 주신 분이다.

천용이 이 세상을 떠난 1988년 그해 동짓날 밤 범어사에 화재가 발생했다. TV뉴스를 보다가 화들짝 놀라 아침밥도 거른 채 범어사로 올라갔다. 화재 현장은 참담했다. 무거운 침묵만이 흐를 뿐 몇 백 년 동안 풍상을 견디던 지장전이 까맣게 잿더미가 되었다. 내원암도 같은 상황이 벌어졌다. 타다 남은 기둥이며 서까래에서 아직도 연기가 난다. 어떤 불한당의 방화로 소실된 것이다. 어젯밤까지 동지 팥죽을 끓이고 새알을 비비는 일을 거들고 내려왔는데 하룻밤 사이에 재가 되다니.

화재 전날 내원암 큰스님으로부터 전갈이 왔다. 큰스님은 귀한 법괴도라면서 내 앞에 펼쳐놓으셨다. 한눈에 보기에도 기름에 찌든 것이 고서로 보였다. 마음공부의 단계적 성취에 대한 명칭인 것으로 기억된다. 복잡한 도면을 모두 이해하지는 못하였으나 공부를 게을리 하지 말라는 당부의 법음이 사라지기도 전에 모두 소실되었다니 안타까운 마음을 비길 데가 없다.

화재가 있고 2년여 만인 1991년 전각은 복원되었다. 아픔을 털어버리고 새로이 건립한 첫 법회날이다. 내가 속해 있는 불심회가 주축이 되어 백일 천도재를 올리도록 주선을 했다. 원주실에서도 흔쾌히 허락을 했다. 날이 갈수록 기도 동참회원이 많아졌고, 법당이 비좁아 마당까지 자리를 깔아야 했다.

기도를 일구월심 지극하게 올렸다. 드디어 기도를 마치는 날이다. 나는 부득이한 일로 애석하게도 참석치 못했다. 하지만 불심회 형님으로부터 깜짝 놀랄 만한 소식을 들었다.

그녀는 염불 중에 깜빡 졸은 것 같은데, 지장전 마당에 회색 추리닝을 입은 덩치가 큰 남자들이 어깨동무를 하고 춤을 추었단다. 그리고 회색 추리닝을 입은 작은 아이 하나가 나타나 그 무리 속으로 들어가려고 안간힘을 다했다고 한다. 그들은 아이를 내치면서 안 된다고 하자 아이는 악착같이 비집고 들어가면서 "나도 가게 됐어요, 나도 가게 됐어요"를 반복했고, 아이는 기어이 무리 속으로 들어갔다고 한다. 그들은 아이와 함께 어깨동무를 하고 환희에 찬 얼굴로 빙글빙글 돌면서 하늘로 올라갔다고 한다.

이야기를 듣는 나의 눈에는 기쁨의 이슬이 맺혔다. 함께 한 형님들도 '똘똘한 것이 천용이가 맞다' 면서 이구동성으로 나를 위로해 주었다. 천용을 잃고 나서 처음으로 아이에 대한 이야기를 하면서 즐겁게 웃을 수 있었다. 천용이 어미를 위해 보여주고 떠난 것이라고 생각한다.

## 13. 형제

천용을 형님이라고 부르는 동생이 있다. 일곱 남매 중 막내다. 천용의 주치의는 자식을 하나 더 낳으라고 적극 권했다. 나는 아이를 또 낳으면 천용에게 소홀히 할 것이 두려워 망설였다. 그러나 다시 마음을 바꾸었다. 먼 훗날 후회를 남기지 않기 위해서였다. 해인사 말사인 절에서 하룻밤 동안에 삼천 배를 올리는 참회기도에 들어갔다. 실로 무릎이 닳는 고통을 감내해야만 했다. 나의 원이 하늘에 닿았을까, 둘째 아들을 얻었다. 두 아들은 한방을 쓰며 돈독한 형제애로 자랐다. 어린 동생은 형님이라고 부르며 따랐고 형

역시 동생과 살갑게 지냈다.

형제간의 에피소드가 있다. 천용이 학교에 가지 못하는 날이 잦아지자, 동생이 학교에서 돌아오면 현관에서부터 형님이 책가방 검사를 한다. 오늘 배운 것에 대해 묻고 숙제를 챙겼다. 동생은 그때 형님의 채근이 싫었다면서 미소를 지었다.

막내아들이 장성하여 미국으로 유학을 가게 되었다. 떠나기 며칠 전 형님을 찾아보고 싶다고 한다. 내심 놀랐다. 마냥 막내인 줄 알았는데 이렇듯 성숙하여 나의 생각을 앞지르다니. 큰 말 노릇을 할 것이라는 믿음을 준다.

우리는 하동군 금남면을 찾아갔다. 실로 이십여 년만이다. 머릿속에 그려져 있는 그곳이 생생한데 도로는 깡그리 없어지고 고층건물이 즐비하다. 정겹던 오솔길은 보이지 않고 넓은 길이 뻗어있다. 한참을 헤매다가 안타깝지만 마음이 가는 양지바른 야산으로 올라갔다. 나는 제물을 차려놓고 자리를 피해주었다. 그동안 철이 들면서 형님에게 하고 싶은 말을 마음껏 풀어놓으라는 뜻에서였다. 막내아들은 두 손을 모으고 제물 앞에서 허공을 응시한다.

한적한 나무 밑에서 아들을 기다리며 상념에 잠긴다. 내 안에 자리 잡고 있는 부채의식이 늘 그리움과 함께 가슴 한

편에서 떠나질 않았다. 운명이니 인연이라는 말로 가볍게 흘려보내고 싶지 않았다.

나의 잘못으로 그런 아이가 태어나진 않았을까. 내 고독의 공간에는 늘 천용이 함께 있다. 유장한 세월 속에서 천용을 위한 기도가 지워질 수야 있겠는가. 내가 죽을 때까지 지울 수 없는 천용을 보냈던 그곳. 뙤약볕이 내리쬐던 한 폭의 산수화 같은 풍경과 함께 얼굴 하나가 생생하게 떠오른다.

짧은 인연이었던 아들, 이 세상에서 진실로 사랑했던 단 하나의 사람 '호돌이 대장 천용'에게 이 글을 바친다.

* * *

천용은 너무 일찍 세상에 태어났다. 기왕에 병을 가지고 태어날 인연이었다면 어찌 그리도 어려운 심장병으로 태어났는가.

아들이 태어난 1970년대는 심장병에 대한 우리나라 의술이 초기단계였다. 1972년에 부임한 한미재단이사장의 부인 해리엇 하지스 여사는 살아있는 천사였다. 그녀의 도움으로 많은 심장병 어린이들이 미국에서 수술을 받고 소생하였다. 40여 년이 지나면서 우리의 의술은 장족의 발전을 하였다. 하지스 여사의 박애정신을 본받아 우리나라에서도 인류애를 베풀었다. 10여 년 전부터 베트남의 어린이들에게 심장병 무료시술을 해오면서 심장수술기술을 전수해 왔다고 한다. 지금은 심장수술에서 가장 어렵다는 선천성복합중증기형 심장병수술을 베트남 의료진만의 힘으로 성공했다고 한다.

내 아들 천용이가 앓았던 선천성복합중증기형 심장병수술의 쾌거였다.

마음으로 큰 박수를 보낸다. 다시는 이 지구상에 심장병으로 고통 받는 아이들이 없기를 하늘에 빈다.

■ 작가노트

2011년 첫 수필집 『염소항아리』를 내면서 천용에 대한 글은 단 한 편도 쓸 수가 없었다. 생각만으로도 가슴이 막혀왔기 때문이다. 그해 겨울 막바지에 지독한 독감에 걸렸다. 사경을 헤매다가 겨우 회복되어 건강을 되찾았다. 곰곰이 생각하니 죽은 아들에 대한 글 한 편은 남겨야겠다는 생각이 들었다. 2012년 5월 13일 불현듯 노트북 앞에 앉았다. 첫 단락을 쓰기 시작하는데 어제 일처럼 생생하게 떠오르면서 눈물이 흐르기 시작했다. 글을 써 내려가면서 눈물 콧물이 범벅이 되었다. 한참을 울다 쓰기를 반복하면서, 코 풀고 눈물 닦고 다시 썼다. 휴지가 쌓여갔다. 기어이 써야 한다는 의지로 쓰고 또 썼다. 드디어 초고가 완성되었다.

그 후 5년만에 제2수필집을 내면서, 고심 끝에 이 글을 싣는다. 이 글을 읽는 독자에게 감사드리며, 한편 긴 글로 마음을 어지럽힐까 조심스럽기 그지없다.

■ 김정례

충북 보은에서 나고 자라 대전사범학교를 졸업하였다. 2010년 『수필과비평』에 수필 「달빛그림자」로 등단하였으며, 2014년 계간 『시와사상』에 시 「그물」 외 4편이 당선되어 등단하였다. 작품집으로는 『염소항아리』와 『네 개의 돌』 수필집이 있으며, 2016년 부산문화재단의 창작지원금을 수혜하였다.
제5회 부산수필문예 올해의 작품상과 제23회 (재)재능시낭송부산대회 우수상을 수상하였다. 현재 수필과비평작가회 이사, 부경수필문인협회 이사, 부산수필문인협회 이사, 한국문인협회부산지회 회원, 계간 시와사상 편집운영위원, 부산지방법원 민사조정위원으로 활동하고 있다.
jlkim1025@hanmail.net

# 네 개의 돌

찍은날 | 2016년 8월 4일
펴낸날 | 2016년 8월 16일

지은이 | 김정례

발행인 | 김경수

펴낸곳 | 시와사상사
부산광역시 금정구 부곡동 325-36번지
전화 : 051-512-4142
팩스 : 051-581-4143
E-mail : sisasang94@naver.com
http://www.sisasang.co.kr

등록번호 | 제05-11-7호
등록일자 | 2005년 7월 18일

인쇄처 | 도서출판 세리윤

값 12,000원

ISBN 978-89-94203-17-1 03800

• 본 도서는 2016년 한국문화예술위원회, 부산광역시, 부산문화재단의 사업비 지원을 받았습니다.
• 이 도서의 국립중앙도서관 출판예정도서목록(CIP)은 서지정보유통지원시스템 홈페이지(http://seoji.nl.go.kr)와 국가자료공동목록시스템(http://www.nl.go.kr/kolisnet)에서 이용하실 수 있습니다.(CIP제어번호: CIP2016017880)
• 잘못된 책은 바꾸어 드립니다.
• 지은이와 협의에 의해 인지는 생략합니다.